MOLIÈRE

LES

AMANTS MAGNIFIQUES

PARIS

Librairie E. Flammarion

M DCCC XCIV

LES PIÈCES DE MOLIÈRE

LES
AMANTS MAGNIFIQUES

TIRAGE A PETIT NOMBRE

Il a été tiré en outre :

20 exemplaires sur papier du Japon, avec triple épreuve de la gravure (n°s 1 à 20).
25 exemplaires sur papier de Chine fort, avec double épreuve de la gravure (n°s 21 à 45).
25 exemplaires sur papier Whatman, avec double épreuve de la gravure (n°s 46 à 70).

70 exemplaires, numérotés.

LES AMANTS MAGNIFIQUES
(Acte IV Scène I)

MOLIÈRE

LES
AMANTS MAGNIFIQUES

COMÉDIE MÊLÉE DE MUSIQUE
ET D'ENTRÉES DE BALLET

AVEC UNE NOTICE ET DES NOTES

PAR

GEORGES MONVAL

Dessin de L. Leloir

GRAVÉ A L'EAU-FORTE PAR CHAMPOLLION

PARIS
LIBRAIRIE DES BIBLIOPHILES

E. FLAMMARION SUCCESSEUR

Rue Racine, 26, près de l'Odéon

M DCCC XCIV

NOTICE

DES

AMANTS MAGNIFIQUES

Le 16 novembre 1669, le lendemain de la première représentation de M. DE POURCEAUGNAC au Palais-Royal, Bossuet prononçait, en l'église des religieuses de Sainte-Marie de Chaillot, l'oraison funèbre de très haute, très excellente et très puissante princesse Henriette-Marie de France, la malheureuse reine d'Angleterre, fille de Henri IV, veuve de Charles Ier, mère de Madame.

Les deuils de cour ne sont pas de longue durée. Dès le mois suivant, on projetait de nouvelles fêtes pour le carnaval, et cette fois encore, Molière travaillait en hâte sur un sujet fourni par le Roi lui-même : « *Deux princes rivaux, par une belle ému-*

lation, régalent, dans la vallée de Tempé, la princesse Ériphile et sa mère de tout ce que l'imagination peut leur fournir de plus galant. » Tel était le thème sur lequel Molière composa, dans le goût de DON SANCHE D'ARAGON et de la PRINCESSE D'ÉLIDE, les AMANTS MAGNIFIQUES, divertissement royal représenté pour la première fois au vieux château de Saint-Germain-en-Laye, le Mardi-gras 4 février 1670.

Ce n'est certes pas une des meilleures pièces du Maître ; c'est peut-être la moins connue ; c'est, en tout cas, la seule qui ne soit pas restée au répertoire de la Comédie et qui n'ait pas reparu sur l'affiche depuis la mort de Louis XIV.

Mais est-ce bien, comme on l'a écrit, une œuvre « ennuyeuse et incolore » ? Et, sans lui donner plus d'importance que ne lui en accordait Molière lui-même, qui ne la donna pas à la Ville et la garda manuscrite, ne trouve-t-on pas dans cette pièce héroï-galante, précieux reflet des magnificences de la Cour, des traits, des scènes dignes de lui ? Pourrait-on citer chez un contemporain, autre que Racine, quelque chose d'approchant ? C'est la BÉRÉNICE de Molière, qui en eût fait un chef-d'œuvre, s'il eût eu le loisir de l'écrire dans la langue d'AMPHITRYON.

Toute la partie sentimentale est charmante : il faut plaindre ceux qui n'en goûtent pas la délicatesse et la grâce. Molière ouvre, ici, la voie à Marivaux.

Les Fausses Confidences sont nées des Amants Magnifiques; Sostrate et Clitidas sont les ancêtres directs de Dorante et de Dubois, et sans Ériphile nous n'aurions pas eu peut-être la délicieuse figure d'Araminthe.

A côté de la princesse, il ne faut pas oublier Aristione, cette aimable mère, si tendre et si sensée, dont Molière avait dû rencontrer l'original à la Cour. Et l'amoureux Sostrate, est-ce une figure de fantaisie que cet « honnête homme » de mérite modeste, dont l'esquisse, reprise et appropriée au milieu, servira bientôt au portrait de Clitandre : « C'est un homme qui me revient, un homme fait comme je veux que les hommes soient faits, ne prenant point de manières bruyantes et des tons de voix assommants, sage et posé en toutes choses, ne parlant jamais que bien à propos, point prompt à décider, point du tout exagérateur incommode; et, quelques beaux vers que nos poètes lui aient récités, je ne lui ai jamais ouï dire : Voilà qui est plus beau que tout ce qu'a jamais fait Homère! »

De tels coups de pinceau signent un portrait, et l'on voudrait savoir le nom du modèle, qui était alors dans toutes les bouches. Car la pièce devait fourmiller d'allusions, dont la clef est perdue pour nous.

Si, comme il est probable, Armande Béjart créa le rôle d'Ériphile, et Madeleine celui de la mère, il y eut, pour les spectateurs au fait de leur vie privée, un piquant sous-entendu dans ce compliment d'Iphicrate à Aristione : « C'est vous qui voulez être mère malgré tout le monde, et, si vous le vouliez, *la princesse Ériphile* ne serait que votre sœur. »

*
* *

Avec Molière, la satire ne perd jamais ses droits ; elle se glissa même dans cette étude du cœur, et c'est sur l'astrologie que sa verve s'exerça cette fois.

Il n'y avait pas bien longtemps qu'on croyait encore aux astrologues et qu'on les consultait. On se souvenait des nombreuses prédictions de l'assassinat de Henry IV ; c'est parce qu'il était né sous le signe de la Balance que Louis XIII, enfant, avait reçu le surnom de Juste, et au moment de la naissance de Louis XIV, on avait eu soin de tenir un astrologue caché près de la chambre de la Reine. Ces momeries, ce charlatanisme ne pouvaient échapper à Molière, qui n'épargnait aucune chimère. Frapper sur Anaxarque, c'était poursuivre encore sa guerre contre les médecins et tous les imposteurs qui exploitent l'ignorance superstitieuse et abusent de la crédulité humaine.

*
* *

Les AMANTS MAGNIFIQUES soulèvent un petit problème historique qui n'a pas été définitivement résolu : Louis XIV a-t-il dansé Neptune et Apollon dans le 1er et dans le 6e intermède, comme l'annonce le livret du Divertissement royal, imprimé par Ballard ?

« On sait, dit Louis Racine[1], l'impression que firent sur Louis XIV quelques vers de BRITANNICUS. Lorsque Narcisse rapporte à Néron les discours qu'on tient contre lui, il lui fait entendre qu'on raille son ardeur à briller par des talents qui ne doivent point être les talents d'un empereur :

> Il excelle à conduire un char dans la carrière,
> A disputer des prix indignes de ses mains,
> A se donner lui-même en spectacle aux Romains,
> A venir prodiguer sa voix sur un théâtre.....

« Ces vers frappèrent le jeune monarque, qui avait quelquefois dansé dans les ballets[2]; et, quoiqu'il dansât avec beaucoup de noblesse[3], il ne voulut plus paraître dans aucun ballet, reconnaissant qu'un Roi ne doit point se donner en spectacle. On trouvera ce que je dis ici confirmé par une des lettres de Boileau. »

En effet, le 7 septembre 1707, Despréaux écrivait

---

[1]. Mémoires sur la vie de Jean Racine, p. 79.
[2]. Depuis le Mariage forcé (1664), le Roi avait dansé dans la Naissance de Vénus (1665), au Ballet des Muses (1666), au Carnaval, mascarade de 1668, au Ballet de Flore (1669).
[3]. « Louis XIV excellait dans les danses graves, qui convenaient à la majesté de sa figure et qui ne blessaient pas celle de son rang. » (Voltaire.)

à de Losme de Monchesnay : « Je vous dirai qu'un grand Prince, qui avait dansé à plusieurs ballets, ayant vu jouer le BRITANNICUS de M. Racine, où la fureur de Néron à monter sur le théâtre est si bien attaquée, il ne dansa plus à aucun ballet, non pas même au temps du carnaval. »

Or, BRITANNICUS fut représenté le 13 décembre 1669, et les AMANTS MAGNIFIQUES, le 4 février suivant. On lit cependant, au livret du Divertissement Royal :

« 1er intermède, 2e entrée de ballet, Neptune : LE ROI.

« 6e intermède, 5e entrée, Apollon : LE ROI. »

La Gazette, organe officiel, parle, à la date du 7 février 1670, d' « une danse qui est suivie de celle du dieu Neptune, représenté par le Roi avec cette grâce et cette majesté qui brille dans toutes ses actions » ; et, plus loin, d'Apollon, encore représenté par le Roi.

Il est vrai que le 14 février, la même Gazette constate que le comte d'Armagnac et le marquis de Villeroi représentent Neptune et Apollon, « en la place du Roi qui n'y danse pas ». C'est ce que dit aussi la lettre de Robinet, du lendemain 15 :

> Notre auguste Sire
> Fait danser et n'y danse point ;
> M'étant trompé dessus ce point
> Quand, sur un livre, j'allai mettre
> Le contraire en mon autre lettre.

C'était sur la foi du livret que Robinet, dans sa lettre du 8, avait dit que le Roi dansait. Mais ce livret, tiré à plus de mille exemplaires [1], était imprimé bien avant la fête, et c'est dans l'intervalle que le Roi, ayant vu la nouvelle tragédie de Racine, aura renoncé à reparaître sur le théâtre de la Cour.

Mais alors pourquoi l'édition de 1682 a-t-elle conservé cette double indication : « pour le Roy, représentant Neptune (p. 10); pour le Roy, représentant le Soleil » (p. 83) ?

Louis XIV aurait-il réellement dansé à la première représentation, et la Troupe Royale ne serait-elle venue représenter BRITANNICUS que quelques jours après ? Remarquons qu'un intervalle de dix jours sépare la 1re de la 2e des AMANTS MAGNIFIQUES, qu'il ne s'agit plus que d'une question d'heures, et, qu'en définitive, Louis Racine et Boileau ont eu raison de dire que le Roi cessa de danser dans les ballets après BRITANNICUS.

Ce fameux livret, qui en dit trop sur Louis XIV, n'en dit pas assez sur Molière et sa vaillante troupe. Il donne, selon l'usage, les noms des moindres chanteurs et baladins, et ne parle pas de la distribution de la comédie, que nous ne pouvons reconstituer qu'approximativement, de la manière suivante :

---

1. Campardon, *Nouvelles pièces*, p. 100.

ARISTIONE . . . Mlles Madeleine Béjart.
ÉRIPHILE . . . .   Molière.
VÉNUS . . . . .   De Brie.
CLÉONICE. . . .   Hervé ou Marotte.
IPHICRATE. . . . MM. Hubert.
TIMOCLÈS. . . .   Du Croisy.
SOSTRATE. . . .   La Grange [1].
ANAXARQUE. . .   La Thorillière ou Béjart.
CLÉON . . . . .   Chasteauneuf ou Prevost.
CHORÈBE . . . .   De Brie.
CLITIDAS . . . .   Molière.

Ce dernier seul est non douteux. Son costume est ainsi décrit dans l'inventaire du 14 mars 1673 :

« *Un habit de Clitidas, consistant en un tonnelet, chemisette, un jupon, un caleçon et cuissards, ledit tonnelet de moire verte, garni de deux dentelles or et argent : la chemisette de velours à fond d'or ; les souliers, jarretières, bas, festons, fraise et manchettes, le tout garni d'argent fin*[2]. »

Le spectacle dut être magnifique. Nous pouvons en donner une idée, grâce à l' « Extraordinaire » *de la Gazette du 21 février 1670.*

Une superbe toile ou rideau fermant le théâtre représentait, dans un tableau bordé d'une grande frise de trophées, un soleil au milieu, avec le mot d'Horace : Aliusque, et idem. *Du côté droit de ce*

---

1. La Grange reçut 200 livres pour son habit des *Princes magnifiques* (*Registre*, p. 144).
2. Pour la coupe et la disposition de ces costumes, voir la figure de Brissart et Sauvé dans l'édition de 1682.

soleil, Apollon dans les airs, sur un nuage, vient de terrasser à coups de flèches les Cyclopes et le serpent Python, renversés sous les croupes de plusieurs montagnes tournées vers l'éloignement. A gauche, le même dieu au sommet du Parnasse, environné des Muses et répandant des fleurs sur tous les Arts, qui sont au pied de la montagne.

1er Intermède. — *La toile se lève. Ouverture instrumentale. Une vaste mer occupe tout le théâtre, s'ouvrant sur l'horizon à perte de vue, bordée de chaque côté de quatre grands rochers, dont chaque cîme porte le dieu d'un fleuve appuyé sur son urne. Au pied de ces rochers, six Tritons de chaque côté : au milieu de la mer, quatre Amours, montés sur des dauphins, et derrière eux Eole, sur des nuages, commande à tous les vents, à la réserve des Zéphirs, de se retirer en leurs cavernes.*

Changement à vue; les flots du devant disparaissent et font place à une île. Huit pêcheurs de nacre et de corail font une première entrée de ballet.

Musique. Entrée de Neptune sur une coquille portée par quatre chevaux marins, accompagné de six dieux marins.

La comédie commence. Décor : verdoyant paysage de la vallée de Tempé, en vue du fleuve Pénée.

3e Intermède. — *Une forêt. Berceau de vigne, soutenu par des statues représentant toutes les nations. Pastorale.*

b

4ᵉ Intermède. — *Changement à vue. Une grotte. Huit statues font une entrée.*

Au 4ᵉ acte, changement à vue. Vénus, quatre déesses, quatre petits Amours. La machine descend et s'avance jusqu'au milieu de la scène, puis est enlevée dans une petite nue par-dessus l'ouverture du théâtre. Deux Amours s'envolent. Fin de la comédie.

6ᵉ Intermède. — *Jeux pythiens. Vaste salle en amphithéâtre, remplie de spectateurs peints, vêtus à la grecque.* (Qu'est devenu ce singulier décor, qu'il eût été vraiment curieux de conserver?)

Dernière entrée. Apollon. Danse héroïque, et la pièce finit au son des trompettes. La musique de Lulli fit merveille, et les machines de l'ingénieur Vigarani allèrent, c'est bien le cas de le dire, aux nues [1].

Molière, nous l'avons dit, ne donna pas sa pièce au public. Elle ne fut imprimée pour la première fois que dans le tome huitième et dernier de l'édition de 1682 [2], et ce ne fut que quinze ans après la

---

1. On peut voir les frais considérables entraînés par ce Divertissement vraiment « Royal » dans les comptes des Menus-Plaisirs, publiés par M. Campardon d'après le carton O¹, 2815 des Archives Nationales.

Voir aussi l'*Estat de la depence faite pour le dernier balet donné à Saint-Germain-en-Laye par le commandement de S. M. depuis le 26ᵉ février jusques au 9ᵉ mars 1670.* (O¹, 2984.) On y trouve « une calesche pour le sieur Molière, à raison de 11 livres par jour, deux jours font 22 livres ».

2. Goizet cite, il est vrai, une édition d'Amsterdam,

mort de Molière, en 1688, que fut donnée la vraie première, sur le théâtre de Guénégaud, le vendredi 15 octobre.

Des interprètes de la création, il ne restait que La Grange, Hubert, Du Croisy, et Mlle Molière devenue Mme Guérin. — Raisin, Beauval, Dancourt, Guérin, Mlles Beauval et Raisin se partagèrent les autres rôles de la pièce, qui eut neuf représentations jusqu'à la fin du mois et encore quatre jusqu'à la clôture de Pâques, c'est-à-dire jusqu'au transfert de la Comédie à son nouvel hôtel de la rue des Fossés.

Toujours accompagnés d'une autre pièce (AMPHITRYON, MÉDECIN MALGRÉ LUI, NOTAIRE OBLIGEANT, COUPE ENCHANTÉE, POURCEAUGNAC, DÉSESPOIR EXTRAVAGANT, CRISPIN MÉDECIN, GEORGE DANDIN), les AMANTS MAGNIFIQUES n'eurent pas grand succès et réalisèrent de maigres recettes. Les plus fortes furent de 1,200 liv. 15 s. (un dimanche, et avec les « Mandarins » dans la salle!), de 1,459 liv. 15 s. (le lundi gras), et de 1,132 liv. 15 s.

M. Despois a compté 28 représentations de 1688 à 1700.

En 1704, les comédiens en tentèrent une reprise qui fournit seulement 13 soirées, et oncques depuis la pièce ne revit les chandelles allumées.

Guillaume le Jeune (à la Sphère), in-12, de 72 pp., 1681 ; mais c'est une faute d'impression, la vraie date est 1684.

Ce fut avec un prologue et des divertissements du comédien Dancourt[1] et une musique nouvelle de Gilliers que les AMANTS MAGNIFIQUES reparurent le vendredi 11 juillet. La recette fut de 1,037 liv. 8 s. Guérin, Du Périer, Lavoy, Ponteuil, Du Bocage, Dangeville, La Thorillière, Dancourt, Dufey, Sallé, Le Grand, Fonpré, Baron fils, Mlles Beaubour, Dufey, Fonpré, Champvallon, Dangeville, Desmares, Mimi Dancourt et Sallé se multiplièrent tant dans l'œuvre de Molière que dans les intermèdes de leur camarade.

Dancourt avait remplacé le premier intermède par un prologue où la Fortune, Neptune et l'Amour devisaient dans la vallée de Tempé. Dans le second, des musiciennes et des danseurs remplaçaient les pantomimes de 1670. Le troisième est une nouvelle pastorale avec entrée de Faunes et de Dryades. Dans le quatrième, Pan remplace le ballet des Statues. Le cinquième est un concert italien; enfin, une noce champêtre a pris la place de la solennité des Jeux Pythiens. Pour amener ce dernier intermède, Dancourt a dû récrire et prolonger le dialogue d'Ériphile et de Clitidas, et cette page de prose a été recueillie dans ses Œuvres, où la trouveront les curieux de ressemelages littéraires.

GEORGES MONVAL.

---

[1]. Dancourt reçut de la Compagnie 300 livres pour ces « nouveaux agréments ».

LES
AMANTS MAGNIFIQUES

COMÉDIE MÊLÉE DE MUSIQUE
ET D'ENTRÉES DE BALLET

AVANT-PROPOS

Le Roy, qui ne veut que des choses extraordinaires dans tout ce qu'il entreprend, s'est proposé de donner à sa Cour un divertissement qui fût composé de tous ceux que le théâtre peut fournir ; et, pour embrasser cette vaste idée et enchaîner ensemble tant de choses diverses, Sa Majesté a choisi pour sujet deux princes rivaux, qui, dans le champêtre séjour de la vallée de Tempé, où l'on doit célébrer la fête des jeux Pythiens, régalent à l'envi une jeune princesse et sa mère de toutes les galanteries dont ils se peuvent aviser.

PERSONNAGES

DE LA COMÉDIE

ARISTIONE, princesse, mère d'Ériphile.
ÉRIPHILE, fille de la princesse.
CLÉONICE, confidente d'Ériphile.
CHORÈBE, de la suite de la princesse.
IPHICRATE, } amants magnifiqeus.
TIMOCLÈS, }
SOSTRATE, général d'armée, amant d'Ériphile.
CLITIDAS, plaisant de cour, de la suite d'Ériphile.
ANAXARQUE, astrologue.
CLÉON, fils d'Anaxarque.
UNE FAUSSE VÉNUS, d'intelligence avec Anaxarque.

La scène est en Thessalie, dans la délicieuse vallee de Tempé.

PREMIER INTERMÈDE

Le théâtre s'ouvre à l'agréable bruit de quantité d'instruments ; et d'abord il offre aux yeux une vaste mer, bordée de chaque côté de quatre grands rochers, dont le sommet porte chacun un Fleuve accoudé sur les marques de ces sortes de déités. Au pied de ces rochers sont douze Tritons de chaque côté, et dans le milieu de la mer quatre Amours montés sur des Dauphins, et derrière eux le dieu Éole, élevé au-dessus des ondes sur un petit nuage. Éole commande aux vents de se retirer ; et, tandis que quatre Amours, douze Tritons et huit Fleuves lui répondent, la mer se calme, et du milieu des ondes on voit s'élever une île. Huit Pêcheurs sortent du fond de la mer avec des nacres de perles et des branches de corail, et, après une danse agréable, vont se placer chacun sur un rocher au-dessous d'un Fleuve. Le chœur de la musique annonce la venue de Neptune ; et, tandis que ce dieu danse avec sa suite, les Pêcheurs, les Tritons et les Fleuves accompagnent ses pas de gestes différents et de bruit de conques de perles. Tout ce spectacle est une magnifique galanterie dont l'un des princes régale sur la mer la promenade des princesses.

PREMIÈRE ENTRÉE DE BALLET

NEPTUNE ET SIX DIEUX MARINS.

DEUXIÈME ENTRÉE DE BALLET

HUIT PÊCHEURS DE CORAIL.

Vers chantés.

RÉCIT D'ÉOLE.
Vents, qui troublez les plus beaux jours,
Rentrez dans vos grottes profondes ;
Et laissez régner sur les ondes
Les Zéphirs et les Amours.

UN TRITON.
Quels beaux yeux ont percé nos demeures humides ?
Venez, venez, Tritons ; cachez-vous, Néréides.

TOUS LES TRITONS.
Allons tous au devant de ces divinités,
Et rendons par nos chants hommage à leurs beautés.

UN AMOUR.
Ah ! que ces princesses sont belles !

UN AUTRE AMOUR.
Quels sont les cœurs qui ne s'y rendroient pas ?

UN AUTRE AMOUR.
La plus belle des Immortelles,
Notre mère, a bien moins d'appas.

PREMIER INTERMÈDE

Chœur.

Allons tous au devant de ces divinités,
Et rendons par nos chants hommage à leurs beautés.

Un Triton.

Quel noble spectacle s'avance !
Neptune le grand dieu, Neptune avec sa cour
Vient honorer ce beau jour
De son auguste présence.

Chœur.

Redoublons nos concerts,
Et faisons retentir dans le vague des airs
Notre réjouissance.

POUR LE ROY, représentant Neptune.

Le Ciel, entre les dieux les plus considérés,
Me donne pour partage un rang considérable,
Et, me faisant régner sur les flots azurés,
Rend à tout l'univers mon pouvoir redoutable.

Il n'est aucune terre, à me bien regarder,
Qui ne doive trembler que je ne m'y répande,
Point d'Etats qu'à l'instant je ne puisse inonder
Des flots impétueux que mon pouvoir commande.

Rien n'en peut arrêter le fier débordement,
Et d'une triple digue à leur force opposée
On les verroit forcer le ferme empêchement,
Et se faire en tous lieux une ouverture aisée.

Mais je sais retenir la fureur de ces flots
Par la sage équité du pouvoir que j'exerce,
Et laisser en tous lieux, au gré des matelots,
La douce liberté d'un paisible commerce.

On trouve des écueils parfois dans mes États,
On voit quelques vaisseaux y périr par l'orage;
Mais contre ma puissance on n'en murmure pas,
Et chez moi la vertu ne fait jamais naufrage.

Pour Monsieur le Grand, représentant
un dieu marin.

L'empire où nous vivons est fertile en trésors;
Tous les mortels en foule accourent sur ses bords,
Et, pour faire bientôt une haute fortune,
Il ne faut rien qu'avoir la faveur de NEPTUNE.

Pour le Marquis DE VILLEROI, représentant
un dieu marin.

Sur la foi de ce dieu de l'empire flottant,
On peut bien s'embarquer avec toute assurance:
 Les flots ont de l'inconstance,
 Mais le NEPTUNE *est constant.*

Pour le Marquis DE RASSENT, représentant
un dieu marin.

Voguez sur cette mer d'un zèle inébranlable:
C'est le moyen d'avoir NEPTUNE *favorable.*

LES AMANTS MAGNIFIQUES

ACTE PREMIER

SCÈNE PREMIÈRE

SOSTRATE, CLITIDAS.

CLITIDAS, [à part].

Il est attaché à ses pensées.

SOSTRATE, [se croyant seul].

Non, Sostrate, je ne vois rien où tu puisses avoir recours, et tes maux sont d'une nature à ne te laisser nulle espérance d'en sortir.

CLITIDAS, [à part].

Il raisonne tout seul.

SOSTRATE, [*se croyant seul*].

Hélas !

CLITIDAS, [*à part*].

Voilà des soupirs qui veulent dire quelque chose, et ma conjecture se trouvera véritable.

SOSTRATE, [*se croyant seul*].

Sur quelles chimères, dis-moi, pourrois-tu bâtir quelque espoir, et que peux-tu envisager que l'affreuse longueur d'une vie malheureuse, et des ennuis à ne finir que par la mort ?

CLITIDAS, [*à part*].

Cette tête-là est plus embarrassée que la mienne.

SOSTRATE, [*se croyant seul*].

Ah ! mon cœur, ah ! mon cœur, où m'avez-vous jeté ?

CLITIDAS.

Serviteur, seigneur Sostrate.

SOSTRATE.

Où vas-tu, Clitidas ?

CLITIDAS.

Mais vous, plutôt, que faites-vous ici, et quelle secrète mélancolie, quelle humeur sombre, s'il vous plaît, vous peut retenir dans ces bois, tandis que tout le monde a couru en foule à la magnificence de la fête dont l'amour du prince Iphicrate vient de régaler sur la mer la promenade des princesses, tandis qu'elles y ont reçu des cadeaux merveilleux de musique et de danse, et qu'on a vu les rochers et les ondes se parer de divinités pour faire honneur à leurs attraits?

SOSTRATE.

Je me figure assez, sans la voir, cette magnificence, et tant de gens, d'ordinaire, s'empressent à porter de la confusion dans ces sortes de fêtes que j'ai cru à propos de ne pas augmenter le nombre des importuns.

CLITIDAS.

Vous savez que votre présence ne gâte jamais rien, et que vous n'êtes point de trop en quelque lieu que vous soyez. Votre visage est bien venu partout, et il n'a garde d'être de ces visages disgraciés qui ne sont jamais bien reçus des regards souverains. Vous êtes également bien auprès des deux princesses, et la mère et la fille vous font assez connoître l'estime qu'elles font de vous pour n'appréhender pas de fatiguer leurs yeux; et ce n'est pas cette crainte, enfin, qui vous a retenu.

SOSTRATE.

J'avoue que je n'ai pas naturellement grande curiosité pour ces sortes de choses.

CLITIDAS.

Mon Dieu, quand on n'auroit nulle curiosité pour les choses, on en a toujours pour aller où l'on trouve tout le monde; et, quoi que vous puissiez dire, on ne demeure point tout seul, pendant une fête, à rêver parmi des arbres, comme vous faites, à moins d'avoir en tête quelque chose qui embarrasse.

SOSTRATE.

Que voudrois-tu que j'y pusse avoir?

CLITIDAS.

Ouais! je ne sais d'où cela vient, mais il sent ici l'amour. Ce n'est pas moi. Ah! par ma foi, c'est vous.

SOSTRATE.

Que tu es fou, Clitidas!

CLITIDAS.

Je ne suis point fou. Vous êtes amoureux, j'ai le nez délicat, et j'ai senti cela d'abord.

SOSTRATE.

Sur quoi prends-tu cette pensée?

CLITIDAS.

Sur quoi? Vous seriez bien étonné si je vous disois encore de qui vous êtes amoureux.

SOSTRATE.

Moi?

CLITIDAS.

Oui. Je gage que je vais deviner tout à l'heure celle que vous aimez. J'ai mes secrets aussi bien que notre astrologue, dont la princesse Aristione est entêtée; et s'il a la science de lire dans les astres la fortune des hommes, j'ai celle de lire dans les yeux le nom des personnes qu'on aime. Tenez-vous un peu, et ouvrez les yeux. É, par

soi, É; r, i, ri, Éri; p, h, i, phi, Ériphi; l, e, le :
Ériphile. Vous êtes amoureux de la princesse Ériphile.

SOSTRATE.

Ah! Clitidas, j'avoue que je ne puis cacher mon trouble, et tu me frappes d'un coup de foudre.

CLITIDAS.

Vous voyez si je suis savant!

SOSTRATE.

Hélas! si par quelque aventure tu as pu découvrir le secret de mon cœur, je te conjure au moins de ne le révéler à qui que ce soit, et surtout de le tenir caché à la belle princesse dont tu viens de dire le nom.

CLITIDAS.

Et, sérieusement parlant, si dans vos actions j'ai bien pu connoître depuis un temps la passion que vous voulez tenir secrète, pensez-vous que la princesse Ériphile puisse avoir manqué de lumière pour s'en apercevoir? Les belles, croyez-moi, sont toujours les plus clairvoyantes à découvrir les ardeurs qu'elles causent, et le langage des yeux et des soupirs se fait entendre, mieux qu'à tout autre, à celles à qui il s'adresse.

SOSTRATE.

Laissons-la, Clitidas, laissons-la voir, si elle peut, dans mes soupirs et mes regards l'amour que ses charmes m'inspirent; mais gardons bien que

par nulle autre voie elle en apprenne jamais rien.
CLITIDAS.
Et qu'appréhendez-vous? Est-il possible que ce même Sostrate, qui n'a pas craint ni Brennus, ni tous les Gaulois, et dont le bras a si glorieusement contribué à nous défaire de ce déluge de Barbares qui ravageoit la Grèce ; est-il possible, dis-je, qu'un homme si assuré dans la guerre soit si timide en amour, et que je le voie trembler à dire seulement qu'il aime?
SOSTRATE.
Ah! Clitidas, je tremble avec raison, et tous les Gaulois du monde ensemble sont bien moins redoutables que deux beaux yeux pleins de charmes.
CLITIDAS.
Je ne suis pas de cet avis, et je sais bien, pour moi, qu'un seul Gaulois, l'épée à la main, me feroit beaucoup plus trembler que cinquante beaux yeux ensemble les plus charmants du monde. Mais, dites-moi un peu, qu'espérez-vous faire?
SOSTRATE.
Mourir sans déclarer ma passion.
CLITIDAS.
L'espérance est belle! Allez, allez, vous vous moquez. Un peu de hardiesse réussit toujours aux amants : il n'y a en amour que les honteux qui perdent, et je dirois ma passion à une déesse, moi, si j'en devenois amoureux.

SOSTRATE.

Trop de choses, hélas! condamnent mes feux à un éternel silence!

CLITIDAS.

Hé, quoi?

SOSTRATE.

La bassesse de ma fortune dont il plaît au Ciel de rabattre l'ambition de mon amour; le rang de la princesse, qui met entre elle et mes désirs une distance si fâcheuse; la concurrence de deux princes appuyés de tous les grands titres qui peuvent soutenir les prétentions de leurs flammes; de deux princes qui, par mille et mille magnificences, se disputent à tout moment la gloire de sa conquête, et sur l'amour de qui on attend tous les jours de voir son choix se déclarer; mais plus que tout, Clitidas, le respect inviolable où ses beaux yeux assujettissent toute la violence de mon ardeur.

CLITIDAS.

Le respect bien souvent n'oblige pas tant que l'amour, et je me trompe fort, ou la jeune princesse a connu votre flamme et n'y est pas insensible.

SOSTRATE.

Ah! ne t'avise point de vouloir flatter par pitié le cœur d'un misérable.

CLITIDAS.

Ma conjecture est fondée : je lui vois reculer beaucoup le choix de son époux, et je veux éclaircir un peu cette petite affaire-là. Vous savez que je suis auprès d'elle en quelque espèce de faveur, que j'y ai les accès ouverts, et qu'à force de me tourmenter, je me suis acquis le privilège de me mêler à la conversation et parler à tort et à travers de toutes choses. Quelquefois cela ne me réussit pas, mais quelquefois aussi cela me réussit. Laissez-moi faire, je suis de vos amis; les gens de mérite me touchent, et je veux prendre mon temps pour entretenir la princesse de...

SOSTRATE.

Ah! de grâce, quelque bonté que mon malheur t'inspire, garde-toi bien de lui rien dire de ma flamme. J'aimerais mieux mourir que de pouvoir être accusé par elle de la moindre témérité, et ce profond respect où ses charmes divins...

CLITIDAS.

Taisons-nous, voici tout le monde.

SCÈNE II

ARISTIONE, IPHICRATE, TIMOCLÈS, SOSTRATE, ANAXARQUE, CLÉON, CLITIDAS.

ARISTIONE [*à Iphicrate*].

Prince, je ne puis me lasser de le dire, il n'est point de spectacle au monde qui puisse le disputer en magnificence à celui que vous venez de nous donner. Cette fête a eu des ornements qui l'emportent sans doute sur tout ce que l'on sauroit voir, et elle vient de produire à nos yeux quelque chose de si noble, de si grand et de si majestueux, que le Ciel même ne sauroit aller au-delà, et je puis dire assurément qu'il n'y a rien dans l'univers qui s'y puisse égaler.

TIMOCLÈS.

Ce sont des ornements dont on ne peut pas espérer que toutes les fêtes soient embellies, et je dois fort trembler, Madame, pour la simplicité du petit divertissement que je m'apprête à vous donner dans le bois de Diane.

ARISTIONE.

Je crois que nous n'y verrons rien que de fort

agréable, et certes il faut avouer que la campagne a lieu de nous paroitre belle, et que nous n'avons pas le temps de nous ennuyer dans cet agréable séjour qu'ont célébré tous les poètes sous le nom de Tempé : car enfin, sans parler des plaisirs de la chasse que nous y prenons à toute heure, et de la solennité des Jeux Pythiens que l'on y célèbre tantôt, vous prenez soin l'un et l'autre de nous y combler de tous les divertissements qui peuvent charmer les chagrins des plus mélancoliques. D'où vient, Sostrate, qu'on ne vous a point vu dans notre promenade ?

SOSTRATE.

Une petite indisposition, Madame, m'a empêché de m'y trouver.

IPHICRATE.

Sostrate est de ces gens, Madame, qui croient qu'il ne sied pas bien d'être curieux comme les autres, et il est beau d'affecter de ne pas courir où tout le monde court.

SOSTRATE.

Seigneur, l'affectation n'a guère de part à tout ce que je fais, et, sans vous faire compliment, il y avoit des choses à voir dans cette fête qui pouvoient m'attirer, si quelque autre motif ne m'avoit retenu.

ARISTIONE.

Et Clitidas a-t-il vu cela ?

CLITIDAS.

Oui, Madame, mais du rivage.

ARISTIONE.

Et pourquoi du rivage ?

CLITIDAS.

Ma foi, Madame, j'ai craint quelqu'un des accidents qui arrivent d'ordinaire dans ces confusions. Cette nuit j'ai songé de poisson mort et d'œufs cassés, et j'ai appris du seigneur Anaxarque que les œufs cassés et le poisson mort signifient malencontre.

ANAXARQUE.

Je remarque une chose, que Clitidas n'auroit rien à dire s'il ne parloit de moi.

CLITIDAS.

C'est qu'il y a tant de choses à dire de vous, qu'on n'en sauroit parler assez.

ANAXARQUE.

Vous pourriez prendre d'autres matières, puisque je vous en ai prié.

CLITIDAS.

Le moyen ? Ne dites-vous pas que l'ascendant est plus fort que tout ? et, s'il est écrit dans les astres que je sois enclin à parler de vous, comment voulez-vous que je résiste à ma destinée ?

ANAXARQUE.

Avec tout le respect, Madame, que je vous dois, il y a une chose qui est fâcheuse dans votre cour : que tout le monde y prenne liberté de parler, et que le plus honnête homme y soit exposé aux railleries du premier méchant plaisant.

CLITIDAS.

Je vous rends grâce de l'honneur.

ARISTIONE.

Que vous êtes fou, de vous chagriner de ce qu'il dit !

CLITIDAS.

Avec tout le respect que je dois à Madame, il y a une chose qui m'étonne dans l'astrologie : comment des gens qui savent tous les secrets des dieux, et qui possèdent des connoissances à se mettre au dessus de tous les hommes, aient besoin de faire leur cour, et de demander quelque chose.

ANAXARQUE.

Vous devriez gagner un peu mieux votre argent, et donner à Madame de meilleures plaisanteries.

CLITIDAS.

Ma foi, on les donne telles qu'on peut. Vous en parlez fort à votre aise, et le métier de plaisant n'est pas comme celui d'astrologue. Bien mentir, et bien plaisanter sont deux choses fort différentes, et il est bien plus facile de tromper les gens, que de les faire rire.

ARISTIONE.

Eh ! qu'est-ce donc que cela veut dire ?

CLITIDAS, [*se parlant à lui-même*].

Paix, impertinent que vous êtes! Ne savez-vous pas bien que l'astrologie est une affaire d'Etat, et qu'il ne faut point toucher à cette corde-là? Je vous l'ai dit plusieurs fois, vous vous émancipez trop, et vous prenez de certaines libertés qui vous joueront un mauvais tour, je vous en avertis. Vous verrez qu'un de ces jours on vous donnera du pied au cul, et qu'on vous chassera comme un faquin. Taisez-vous, si vous êtes sage.

ARISTIONE.

Où est ma fille?

TIMOCLÈS.

Madame, elle s'est écartée, et je lui ai présenté une main qu'elle a refusé d'accepter.

ARISTIONE.

Princes, puisque l'amour que vous avez pour Eriphile a bien voulu se soumettre aux lois que j'ai voulu vous imposer, puisque j'ai su obtenir de vous que vous fussiez rivaux sans devenir ennemis, et qu'avec pleine soumission aux sentiments de ma fille vous attendez un choix dont je l'ai faite seule maîtresse, ouvrez-moi tous deux le fond de votre âme, et me dites sincèrement quel progrès vous croyez l'un et l'autre avoir fait sur son cœur.

TIMOCLÈS.

Madame, je ne suis point pour me flatter; j'ai

fait ce que j'ai pu pour toucher le cœur de la princesse Eriphile, et je m'y suis pris, que je crois, de toutes les tendres manières dont un amant se peut servir. Je lui ai fait des hommages soumis de tous mes vœux ; j'ai montré des assiduités, j'ai rendu des soins chaque jour ; j'ai fait chanter ma passion aux voix les plus touchantes, et l'ai fait exprimer en vers aux plumes les plus délicates ; je me suis plaint de mon martyre en des termes passionnés ; j'ai fait dire à mes yeux, aussi bien qu'à ma bouche, le désespoir de mon amour ; j'ai poussé à ses pieds des soupirs languissants, j'ai même répandu des larmes ; mais tout cela inutilement, et je n'ai point connu qu'elle ait dans l'âme aucun ressentiment de mon ardeur.

ARISTIONE.

Et vous, Prince?

IPHICRATE.

Pour moi, Madame, connoissant son indifférence et le peu de cas qu'elle fait des devoirs qu'on lui rend, je n'ai voulu perdre auprès d'elle ni plaintes, ni soupirs, ni larmes. Je sais qu'elle est toute soumise à vos volontés, et que ce n'est que de votre main seule qu'elle voudra prendre un époux. Aussi n'est-ce qu'à vous que je m'adresse pour l'obtenir, à vous plutôt qu'à elle que je rends tous mes soins et tous mes hommages. Et plût au Ciel, Madame, que vous eussiez pu vous ré-

soudre à tenir sa place, que vous eussiez voulu
jouir des conquêtes que vous lui faites, et recevoir pour vous les vœux que vous lui renvoyez !

ARISTIONE.

Prince, le compliment est d'un amant adroit, et
vous avez entendu dire qu'il falloit cajoler les
mères pour obtenir les filles ; mais ici, par malheur, tout cela devient inutile, et je me suis engagée à laisser le choix tout entier à l'inclination
de ma fille.

IPHICRATE.

Quelque pouvoir que vous lui donniez pour ce
choix, ce n'est point compliment, Madame, que
ce que je vous dis. Je ne recherche la princesse
Eriphile que parce qu'elle est votre sang ; je la
trouve charmante par tout ce qu'elle tient de vous,
et c'est vous que j'adore en elle.

ARISTIONE.

Voilà qui est fort bien.

IPHICRATE.

Oui, Madame, toute la terre voit en vous des
attraits et des charmes que je...

ARISTIONE.

De grâce, Prince, ôtons ces charmes et ces attraits : vous savez que ce sont des mots que je
retranche des compliments qu'on me veut faire. Je
souffre qu'on me loue de ma sincérité, qu'on dise
que je suis une bonne princesse, que j'ai de la

parole pour tout le monde, de la chaleur pour mes amis, et de l'estime pour le mérite et la vertu: je puis tâter de tout cela; mais pour les douceurs de charmes et d'attraits, je suis bien aise qu'on ne m'en serve point, et, quelque vérité qui s'y pût rencontrer, on doit faire quelque scrupule d'en goûter la louange, quand on est mère d'une fille comme la mienne.

IPHICRATE.

Ah! Madame, c'est vous qui voulez être mère malgré tout le monde; il n'est point d'yeux qui ne s'y opposent, et, si vous le vouliez, la princesse Eriphile ne seroit que votre sœur.

ARISTIONE.

Mon Dieu, Prince, je ne donne point dans tous ces galimatias où donnent la plupart des femmes; je veux être mère parce que je la suis, et ce seroit en vain que je ne la voudrois pas être. Ce titre n'a rien qui me choque, puisque, de mon consentement, je me suis exposée à le recevoir; c'est un foible de notre sexe dont, grâce au Ciel, je suis exempte, et je ne m'embarrasse point de ces grandes disputes d'âge sur quoi nous voyons tant de folles. Revenons à notre discours. Est-il possible que jusqu'ici vous n'ayez pu connoître où penche l'inclination d'Eriphile?

IPHICRATE.

Ce sont obscurités pour moi.

TIMOCLÈS.

C'est pour moi un mystère impénétrable.

ARISTIONE.

La pudeur peut-être l'empêche de s'expliquer à vous et à moi ; servons-nous de quelque autre pour découvrir le secret de son cœur. Sostrate, prenez de ma part cette commission, et rendez cet office à ces princes, de savoir adroitement de ma fille vers qui des deux ses sentiments peuvent tourner.

SOSTRATE.

Madame, vous avez cent personnes dans votre cour, sur qui vous pourriez mieux verser l'honneur d'un tel emploi, et je me sens mal propre à bien exécuter ce que vous souhaitez de moi.

ARISTIONE.

Votre mérite, Sostrate, n'est point borné aux seuls emplois de la guerre ; vous avez de l'esprit, de la conduite, de l'adresse, et ma fille fait cas de vous.

SOSTRATE.

Quelqu'autre mieux que moi, Madame...

ARISTIONE.

Non, non, en vain vous vous en défendez.

SOSTRATE.

Puisque vous le voulez, Madame, il vous faut obéir ; mais je vous jure que, dans toute votre cour, vous ne pouviez choisir personne qui ne fût en état de s'acquitter beaucoup mieux que moi d'une telle commission.

ARISTIONE.

C'est trop de modestie, et vous vous acquitterez toujours bien de toutes les choses dont on vous chargera. Découvrez doucement les sentiments d'Eriphile, et faites-la ressouvenir qu'il faut se rendre de bonne heure dans le bois de Diane.

SCÈNE III

IPHICRATE, TIMOCLÈS, CLITIDAS, SOSTRATE.

IPHICRATE, [à Sostrate].

Vous pouvez croire que je prends part à l'estime que la princesse vous témoigne.

TIMOCLÈS, [à Sostrate].

Vous pouvez croire que je suis ravi du choix que l'on a fait de vous.

IPHICRATE.

Vous voilà en état de servir vos amis.

TIMOCLÈS.

Vous avez de quoi rendre de bons offices aux gens qu'il vous plaira.

IPHICRATE.

Je ne vous recommande point mes intérêts.

TIMOCLÈS.

Je ne vous dis point de parler pour moi.

SOSTRATE.

Seigneurs, il seroit inutile ; j'aurois tort de passer les ordres de ma commission, et vous trouverez bon que je ne parle ni pour l'un ni pour l'autre.

IPHICRATE.

Je vous laisse agir comme il vous plaira.

TIMOCLÈS.

Vous en userez comme vous voudrez.

SCÈNE IV

IPHICRATE, TIMOCLÈS, CLITIDAS.

IPHICRATE, [bas, à Clitidas].

Clitidas se ressouvient bien qu'il est de mes amis ; je lui recommande toujours de prendre mes intérêts auprès de sa maîtresse contre ceux de mon rival.

CLITIDAS, [bas, à Iphicrate].

Laissez-moi faire : il y a bien de la comparaison de lui à vous, et c'est un prince bien bâti pour vous le disputer !

IPHICRATE, [bas, à Clitidas].

Je reconnoîtrai ce service.

TIMOCLÈS, [*bas, à Clitidas*].

Mon rival fait sa cour à Clitidas, mais Clitidas sait bien qu'il m'a promis d'appuyer contre lui les prétentions de mon amour.

CLITIDAS, [*bas, à Timoclès*].

Assurément, et il se moque de croire l'emporter sur vous : voilà, auprès de vous, un beau petit morveux de prince !

TIMOCLÈS, [*bas, à Clitidas*].

Il n'y a rien que je ne fasse pour Clitidas.

CLITIDAS, [*seul*].

Belles paroles de tous côtés. Voici la princesse; prenons mon temps pour l'aborder.

SCÈNE V

ÉRIPHILE, CLÉONICE.

CLÉONICE.

On trouvera étrange, Madame, que vous vous soyez ainsi écartée de tout le monde.

ÉRIPHILE.

Ah! qu'aux personnes comme nous, qui sommes toujours accablées de tant de gens, un peu de solitude est parfois agréable, et qu'après mille impertinents entretiens il est doux de s'entretenir avec ses pensées ! Qu'on me laisse ici promener toute seule.

CLÉONICE.

Ne voudriez-vous pas, Madame, voir un petit essai de la disposition de ces gens admirables qui veulent se donner à vous ? Ce sont des personnes qui, par leurs pas, leurs gestes, et leurs mouvements, expriment aux yeux toutes choses ; et on appelle cela Pantomimes. J'ai tremblé à vous dire ce mot, et il y a des gens dans votre cour qui ne me le pardonneroient pas.

ÉRIPHILE.

Vous avez bien la mine, Cléonice, de me venir ici régaler d'un mauvais divertissement : car, grâce au Ciel, vous ne manquez pas de vouloir produire indifféremment tout ce qui se présente à vous, et vous avez une affabilité qui ne rejette rien. Aussi est-ce à vous seule qu'on voit avoir recours toutes les muses nécessitantes ; vous êtes la grande protectrice du mérite incommodé, et tout ce qu'il y a de vertueux indigents au monde va débarquer chez vous.

CLÉONICE.

Si vous n'avez pas envie de les voir, Madame, il ne faut que les laisser là.

ÉRIPHILE.

Non, non, voyons-les ; faites-les venir.

CLÉONICE.

Mais peut-être, Madame, que leur danse sera méchante.

ÉRIPHILE.

Méchante ou non, il la faut voir : ce ne seroit, avec vous, que reculer la chose, et il vaut mieux en être quitte.

CLÉONICE.

Ce ne sera ici, Madame, qu'une danse ordinaire ; une autre fois...

ÉRIPHILE.

Point de préambule, Cléonice ; qu'ils dansent.

SECOND INTERMÈDE

La confidente de la jeune princesse lui produit trois danseurs, sous le nom de Pantomimes, c'est-à-dire qui expriment par leurs gestes toutes sortes de choses. La princesse les voit danser, et les reçoit à son service.

ENTRÉE DE BALLET

DE TROIS PANTOMIMES

ACTE II

SCÈNE PREMIÈRE

ÉRIPHILE, CLÉONICE, CLITIDAS.

ÉRIPHILE.

Voila qui est admirable ! Je ne crois pas qu'on puisse mieux danser qu'ils dansent, et je suis bien aise de les avoir à moi.

CLÉONICE.

Et moi, Madame, je suis bien aise que vous ayez vu que je n'ai pas si méchant goût que vous avez pensé.

ÉRIPHILE.

Ne triomphez point tant, vous ne tarderez guère à me faire avoir ma revanche. Qu'on me laisse ici.

CLÉONICE, [*allant au-devant de Clitidas*].
Je vous avertis, Clitidas, que la princesse veut être seule.

CLITIDAS.
Laissez-moi faire, je suis homme qui sais ma cour.

SCÈNE II

ÉRIPHILE, CLITIDAS.

CLITIDAS *fait semblant de chanter.*
La, la, la, la. [*Faisant l'étonné en voyant Eriphile*]. Ah !
ÉRIPHILE, [*à Clitidas, qui feint de vouloir s'éloigner*].
Clitidas !

CLITIDAS.
Je ne vous avois pas vue là, Madame.

ÉRIPHILE.
Approche. D'où viens-tu ?

CLITIDAS.
De laisser la princesse votre mère, qui s'en alloit vers le temple d'Apollon accompagnée de beaucoup de gens.

ÉRIPHILE.
Ne trouves-tu pas ces lieux les plus charmants du monde ?

CLITIDAS.

Assurément. Les princes, vos amants, y étoient.

ÉRIPHILE.

Le fleuve Pénée fait ici d'agréables détours.

CLITIDAS.

Fort agréables. Sostrate y étoit aussi.

ÉRIPHILE.

D'où vient qu'il n'est pas venu à la promenade?

CLITIDAS.

Il a quelque chose dans la tête qui l'empêche de prendre plaisir à tous ces beaux régales. Il m'a voulu entretenir ; mais vous m'avez défendu si expressément de me charger d'aucune affaire auprès de vous, que je n'ai point voulu lui prêter l'oreille, et je lui ai dit nettement que je n'avois pas le loisir de l'entendre.

ÉRIPHILE.

Tu as eu tort de lui dire cela, et tu devois l'écouter.

CLITIDAS.

Je lui ai dit d'abord que je n'avois pas le loisir de l'entendre, mais après je lui ai donné audience.

ÉRIPHILE.

Tu as bien fait.

CLITIDAS.

En vérité, c'est un homme qui me revient, un homme fait comme je veux que les hommes soient faits : ne prenant point des manières bruyantes et des tons de voix assommants ; sage et posé en toutes choses, ne parlant jamais que bien à propos ; point prompt à décider ; point du tout exagérateur incommode ; et, quelques beaux vers que nos poètes lui aient récités, je ne lui ai jamais ouï dire : « Voilà qui est plus beau que tout ce qu'a jamais fait Homère ! » Enfin, c'est un homme pour qui je me sens de l'inclination ; et, si j'étois princesse, il ne seroit pas malheureux.

ÉRIPHILE.

C'est un homme d'un grand mérite, assurément. Mais de quoi t'a-t-il parlé ?

CLITIDAS.

Il m'a demandé si vous aviez témoigné grande joie au magnifique régale que l'on vous a donné, m'a parlé de votre personne avec des transports les plus grands du monde, vous a mise au-dessus du Ciel, et vous a donné toutes les louanges qu'on peut donner à la princesse la plus accomplie de la terre, entremêlant tout cela de plusieurs soupirs qui disoient plus qu'il ne vouloit. Enfin, à force de le tourner de tous côtés, et de le presser sur la cause de cette profonde mélancolie dont toute la Cour s'aperçoit, il a été contraint de m'avouer qu'il étoit amoureux.

ÉRIPHILE.

Comment, amoureux ! Quelle témérité est la

sienne ! C'est un extravagant que je ne verrai de ma vie.

CLITIDAS.

De quoi vous plaignez-vous, Madame ?

ÉRIPHILE.

Avoir l'audace de m'aimer, et, de plus, avoir l'audace de le dire !

CLITIDAS.

Ce n'est pas vous, Madame, dont il est amoureux.

ÉRIPHILE.

Ce n'est pas moi ?

CLITIDAS.

Non, Madame : il vous respecte trop pour cela, et est trop sage pour y penser.

ÉRIPHILE.

Et de qui donc, Clitidas ?

CLITIDAS.

D'une de vos filles, la jeune Arsinoé.

ÉRIPHILE.

A-t-elle tant d'appas, qu'il n'ait trouvé qu'elle digne de son amour ?

CLITIDAS.

Il l'aime éperduement, et vous conjure d'honorer sa flamme de votre protection.

ÉRIPHILE.

Moi ?

ACTE II, SCÈNE II

CLITIDAS.

Non, non, Madame; je vois que la chose ne vous plaît pas. Votre colère m'a obligé à prendre ce détour, et, pour vous dire la vérité, c'est vous qu'il aime éperduement.

ÉRIPHILE.

Vous êtes un insolent de venir ainsi surprendre mes sentiments. Allons, sortez d'ici. Vous vous mêlez de vouloir lire dans les âmes, de vouloir pénétrer dans les secrets du cœur d'une princesse! Otez-vous de mes yeux, et que je ne vous voie jamais. [*Clitidas s'éloigne*]. Clitidas...!

CLITIDAS.

Madame?

ÉRIPHILE.

Venez ici. Je vous pardonne cette affaire-là.

CLITIDAS.

Trop de bonté, Madame.

ÉRIPHILE.

Mais à condition, prenez bien garde à ce que je vous dis, que vous n'en ouvrirez la bouche à personne du monde, sur peine de la vie.

CLITIDAS.

Il suffit.

ÉRIPHILE.

Sostrate t'a donc dit qu'il m'aimoit?

CLITIDAS.

Non, Madame. Il faut vous dire la vérité : j'ai

tiré de son cœur, par surprise, un secret qu'il veut cacher à tout le monde, et avec lequel il est, dit-il, résolu de mourir. Il a été au désespoir du vol subtil que je lui en ai fait, et, bien loin de me charger de vous le découvrir, il m'a conjuré, avec toutes les instantes prières qu'on sauroit faire, de ne vous en rien révéler, et c'est trahison contre lui que ce que je viens de vous dire.

ÉRIPHILE.

Tant mieux. C'est par son seul respect qu'il peut me plaire, et, s'il étoit si hardi que de me déclarer son amour, il perdroit pour jamais et ma présence et mon estime.

CLITIDAS.

Ne craignez point, Madame....

ÉRIPHILE.

Le voici. Souvenez-vous au moins, si vous êtes sage, de la défense que je vous ai faite.

CLITIDAS.

Cela est fait, Madame; il ne faut pas être courtisan indiscret.

SCÈNE III

SOSTRATE, ÉRIPHILE.

SOSTRATE.

J'ai une excuse, Madame, pour oser interrompre votre solitude, et j'ai reçu de la princesse votre mère une commission qui autorise la hardiesse que je prends maintenant.

ÉRIPHILE.

Quelle commission, Sostrate?

SOSTRATE.

Celle, Madame, de tâcher d'apprendre de vous vers lequel des deux princes peut incliner votre cœur.

ÉRIPHILE.

La princesse ma mère montre un esprit judicieux dans le choix qu'elle a fait de vous pour un pareil emploi. Cette commission, Sostrate, vous a été agréable, sans doute, et vous l'avez acceptée avec beaucoup de joie?

SOSTRATE.

Je l'ai acceptée, Madame, par la nécessité que mon devoir m'impose d'obéir; et, si la princesse avoit voulu recevoir mes excuses, elle auroit honoré quelque autre de cet emploi.

ÉRIPHILE.

Quelle cause, Sostrate, vous obligeoit à le refuser ?

SOSTRATE.

La crainte, Madame, de m'en acquitter mal.

ÉRIPHILE.

Croyez-vous que je ne vous estime pas assez pour vous ouvrir mon cœur, et vous donner toutes les lumières que vous pourrez désirer de moi sur le sujet de ces deux princes ?

SOSTRATE.

Je ne désire rien pour moi là-dessus, Madame, et je ne vous demande que ce que vous croirez devoir donner aux ordres qui m'amènent.

ÉRIPHILE.

Jusqu'ici je me suis défendue de m'expliquer, et la princesse ma mère a eu la bonté de souffrir que j'aie reculé toujours ce choix qui me doit engager ; mais je serai bien aise de témoigner à tout le monde que je veux faire quelque chose pour l'amour de vous, et, si vous m'en pressez, je rendrai cet arrêt qu'on attend depuis si longtemps.

SOSTRATE.

C'est une chose, Madame, dont vous ne serez point importunée par moi, et je ne saurois me résoudre à presser une princesse qui sait trop ce qu'elle a à faire.

ÉRIPHILE.

Mais c'est ce que la princesse ma mère attend de vous.

SOSTRATE.

Ne lui ai-je pas dit aussi que je m'acquitterois mal de cette commission ?

ÉRIPHILE.

Oh ça, Sostrate, les gens comme vous ont toujours les yeux pénétrants, et je pense qu'il ne doit y avoir guère de choses qui échappent aux vôtres. N'ont-ils pu découvrir, vos yeux, ce dont tout le monde est en peine, et ne vous ont-ils point donné quelques petites lumières du penchant de mon cœur ? Vous voyez les soins qu'on me rend, l'empressement qu'on me témoigne : quel est celui de ces deux princes que vous croyez que je regarde d'un œil plus doux?

SOSTRATE.

Les doutes que l'on forme sur ces sortes de choses, ne sont réglés d'ordinaire que par les intérêts qu'on prend.

ÉRIPHILE.

Pour qui, Sostrate, pencheriez-vous des deux ? Quel est celui, dites-moi, que vous souhaiteriez que j'épousasse ?

SOSTRATE.

Ah ! Madame, ce ne seront pas mes souhaits, mais votre inclination qui décidera de la chose.

ÉRIPHILE.

Mais si je me conseillois à vous pour ce choix ?

SOSTRATE.

Si vous vous conseilliez à moi, je serois fort embarrassé.

ÉRIPHILE.

Vous ne pourriez pas dire qui des deux vous semble plus digne de cette préférence ?

SOSTRATE.

Si l'on s'en rapporte à mes yeux, il n'y aura personne qui soit digne de cet honneur. Tous les princes du monde seront trop peu de chose pour aspirer à vous; les dieux seuls y pourront prétendre, et vous ne souffrirez des hommes que l'encens et les sacrifices.

ÉRIPHILE.

Cela est obligeant, et vous êtes de mes amis. Mais je veux que vous me disiez pour qui des deux vous vous sentez plus d'inclination, quel est celui que vous mettez le plus au rang de vos amis.

SCÈNE IV

CHORÈBE, SOSTRATE, ÉRIPHILE.

CHORÈBE.
Madame, voilà la princesse qui vient vous prendre ici pour aller au bois de Diane.

SOSTRATE, [à part].
Hélas! petit garçon, que tu es venu à propos!

SCÈNE V

ARISTIONE, IPHICRATE, TIMOCLÈS, ANAXARQUE, CLITIDAS, SOSTRATE, ÉRIPHILE.

ARISTIONE.
On vous a demandée, ma fille, et il y a des gens que votre absence chagrine fort.

ÉRIPHILE.
Je pense, Madame, qu'on m'a demandée par compliment, et on ne s'inquiète pas tant qu'on vous dit.

ARISTIONE.

On enchaîne pour nous ici tant de divertissements les uns aux autres, que toutes nos heures sont retenues, et nous n'avons aucun moment à perdre si nous voulons les goûter tous. Entrons vite dans le bois, et voyons ce qui nous y attend ; ce lieu est le plus beau du monde, prenons vite nos places.

TROISIÈME INTERMÈDE

Le théâtre est une forêt, où la princesse est invitée d'aller ; une Nymphe lui en fait les honneurs en chantant, et, pour la divertir, on lui joue une petite comédie en musique, dont voici le sujet : Un berger se plaint à deux bergers, ses amis, des froideurs de celle qu'il aime ; les deux amis le consolent, et, comme la bergère aimée arrive, tous trois se retirent pour l'observer. Après quelque plainte amoureuse, elle se repose sur un gazon et s'abandonne aux douceurs du sommeil. L'amant fait approcher ses amis pour contempler les grâces de sa bergère, et invite toutes choses à contribuer à son repos. La bergère, en s'éveillant, voit son berger à ses pieds, se plaint de sa poursuite ; mais, considérant sa constance, elle lui accorde sa demande, et consent d'en être aimée, en présence des deux bergers amis. Deux Satyres, arrivant, se plaignent de son changement, et, étant touchés de cette disgrâce, cherchent leur consolation dans le vin.

LES PERSONNAGES DE LA PASTORALE.

La Nymphe de la vallée de Tempé.
Tircis.

Lycaste.
Ménandre.
Caliste.

Deux Satyres.

PROLOGUE

LA NYMPHE DE TEMPÉ.

Venez, grande princesse, avec tous vos appas,
Venez prêter vos yeux aux innocents ébats
 Que notre désert vous présente.
N'y cherchez point l'éclat des fêtes de la Cour ;
  On ne sent ici que l'amour,
  Ce n'est que l'amour qu'on y chante.

SCÈNE PREMIÈRE

TIRCIS.

Vous chantez sous ces feuillages,
Doux rossignols pleins d'amour,

Et de vos tendres ramages
Vous réveillez tour à tour
Les échos de ces bocages :
Hélas! petits oiseaux, hélas!
Si vous aviez mes maux, vous ne chanteriez pas.

SCÈNE II

LYCASTE, MÉNANDRE, TIRCIS.

LYCASTE.
Hé quoi! toujours languissant, sombre et triste?
MÉNANDRE.
Hé quoi! toujours aux pleurs abandonné?
TIRCIS.
Toujours adorant Caliste,
Et toujours infortuné!
LYCASTE.
Dompte, dompte, berger, l'ennui qui te possède.
TIRCIS.
Eh! le moyen, hélas!
MÉNANDRE.
Fais, fais-toi quelque effort.
TIRCIS.
Eh! le moyen, hélas! quand le mal est trop fort?
LYCASTE.
Ce mal trouvera son remède.

TIRCIS.
Je ne guérirai qu'à ma mort.
LYCASTE ET MÉNANDRE.
Ah! Tircis!
TIRCIS.
Ah! bergers!
LYCASTE ET MÉNANDRE.
Prends sur toi plus d'empire.
TIRCIS.
Rien ne me peut secourir.
LYCASTE ET MÉNANDRE.
C'est trop, c'est trop céder.
TIRCIS.
C'est trop, c'est trop souffrir.
LYCASTE ET MÉNANDRE.
Quelle foiblesse!
TIRCIS.
Quel martyre!
LYCASTE ET MÉNANDRE.
Il faut prendre courage.
TIRCIS.
Il faut plutôt mourir.
LYCASTE.
Il n'est point de bergère
Si froide et si sévère,
Dont la pressante ardeur
D'un cœur qui persévère
Ne vainque la froideur.

MÉNANDRE.

Il est, dans les affaires
Des amoureux mystères,
Certains petits moments
Qui changent les plus fières
Et font d'heureux amants.

TIRCIS.

Je la vois, la cruelle,
Qui porte ici ses pas ;
Gardons d'être vu d'elle ;
L'ingrate, hélas !
N'y viendroit pas.

SCÈNE III

CALISTE.

Ah ! que sur notre cœur
La sévère loi de l'honneur
Prend un cruel empire !
Je ne fais voir que rigueurs pour Tircis,
Et cependant, sensible à ses cuisants soucis,
De sa langueur en secret je soupire,
Et voudrois bien soulager son martyre :
C'est à vous seul que je le dis,
Arbres, n'allez pas le redire.

Puisque le Ciel a voulu nous former
Avec un cœur qu'Amour peut enflammer,
  Quelle rigueur impitoyable
Contre des traits si doux nous force à nous armer?
  Et pourquoi, sans être blâmable,
    Ne peut-on pas aimer
    Ce que l'on trouve aimable ?

    Hélas ! que vous êtes heureux,
Innocents animaux, de vivre sans contrainte,
    Et de pouvoir suivre sans crainte
Les doux emportements de vos cœurs amoureux !

Hélas, petits oiseaux, que vous êtes heureux
    De ne sentir nulle contrainte,
    Et de pouvoir suivre sans crainte
Les doux emportements de vos cœurs amoureux !

    Mais le sommeil sur ma paupière
Verse de ses pavots l'agréable fraîcheur.
    Donnons-nous à lui toute entière :
    Nous n'avons point de loi sévère
Qui défende à nos sens d'en goûter la douceur.

SCÈNE IV

CALISTE, endormie, TIRCIS, LYCASTE, MÉNANDRE.

TIRCIS.
Vers ma belle ennemie
Portons sans bruit nos pas,
Et ne réveillons pas
Sa rigueur endormie.
TOUS TROIS.
Dormez, dormez, beaux yeux, adorables vainqueurs,
Et goûtez le repos que vous ôtez aux cœurs,
Dormez, dormez, beaux yeux.
TIRCIS.
Silence, petits oiseaux ;
Vents, n'agitez nulle chose ;
Coulez doucement, ruisseaux :
C'est Caliste qui repose.
TOUS TROIS.
Dormez, dormez, beaux yeux, adorables vainqueurs,
Et goûtez le repos que vous ôtez aux cœurs.
Dormez, dormez, beaux yeux.
CALISTE [se réveillant], à TIRCIS.
Ah ! quelle peine extrême !
Suivre partout mes pas ?

TIRCIS.

Que voulez-vous qu'on suive, hélas !
Que ce qu'on aime ?

CALISTE.

Berger, que voulez-vous ?

TIRCIS.

Mourir, belle bergère,
Mourir à vos genoux,
Et finir ma misère ;
Puisque en vain à vos pieds on me voit soupirer,
Il y faut expirer.

CALISTE.

Ah ! Tircis, ôtez-vous, j'ai peur que dans ce jour
La pitié dans mon cœur n'introduise l'amour.

LYCASTE ET MÉNANDRE, l'un après l'autre.

Soit amour, soit pitié,
Il sied bien d'être tendre ;
C'est par trop vous défendre,
Bergère, il faut se rendre
A sa longue amitié.
Soit amour, soit pitié,
Il sied bien d'être tendre.

CALISTE [à Tircis].

C'est trop, c'est trop de rigueur.
J'ai maltraité votre ardeur,
Chérissant votre personne ;
Vengez-vous de mon cœur :
Tircis, je vous le donne.

Tircis.
O Ciel! bergers! Caliste! Ah! je suis hors de moi!
Si l'on meurt de plaisir, je dois perdre la vie.
Lycaste.
Digne prix de ta foi!
Ménandre.
O sort digne d'envie!

SCÈNE V

DEUX SATYRES, TIRCIS, LYCASTE, MÉNANDRE, CALISTE.

Premier Satyre.
Quoi! tu me fuis, ingrate, et je te vois ici
De ce berger à moi faire une préférence?
Deuxième Satyre.
Quoi! mes soins n'ont rien pu sur ton indifférence,
Et pour ce langoureux ton cœur s'est adouci?
Caliste.
Le destin le veut ainsi,
Prenez tous deux patience.
Premier Satyre.
Aux amants qu'on pousse à bout
L'amour fait verser des larmes;
Mais ce n'est pas notre goût,

Et la bouteille a des charmes
Qui nous consolent de tout.

Deuxième Satyre.

Notre amour n'a pas toujours
Tout le bonheur qu'il désire ;
Mais nous avons un secours,
Et le bon vin nous fait rire
Quand on rit de nos amours.

Tous.

Champêtres divinités,
Faunes, Dryades, sortez
De vos paisibles retraites ;
Mêlez vos pas à nos sons,
Et tracez sur les herbettes
L'image de nos chansons.

PREMIÈRE ENTRÉE DE BALLET.

En même temps, six Dryades et six Faunes sortent de leurs demeures, et font ensemble une danse agréable, qui, s'ouvrant tout d'un coup, laisse voir un berger et une bergère qui font en musique une petite scène d'un dépit amoureux.

DÉPIT AMOUREUX

CLIMÈNE, PHILINTE.

PHILINTE.
Quand je plaisois à tes yeux,
J'étois content de ma vie,
Et ne voyois roi ni dieux
Dont le sort me fît envie.

CLIMÈNE.
Lors qu'à toute autre personne
Me préféroit ton ardeur,
J'aurois quitté la couronne
Pour régner dessus ton cœur.

PHILINTE.
Une autre a guéri mon âme
Des feux que j'avois pour toi.

CLIMÈNE.
Un autre a vengé ma flamme
Des foiblesses de ta foi.

PHILINTE.
Cloris, qu'on vante si fort,
M'aime d'une ardeur fidèle ;
Si ses yeux vouloient ma mort,
Je mourrois content pour elle.

CLIMÈNE.

Myrtil, si digne d'envie,
Me chérit plus que le jour;
Et moi, je perdrois la vie
Pour lui montrer mon amour.

PHILINTE.

Mais si d'une douce ardeur
Quelque renaissante trace
Chassoit Cloris de mon cœur
Pour te remettre en sa place...

CLIMÈNE.

Bien qu'avec pleine tendresse
Myrtil me puisse chérir,
Avec toi, je le confesse,
Je voudrois vivre et mourir.

Tous Deux ensemble.

Ah! plus que jamais aimons-nous,
Et vivons et mourons en des liens si doux.

Tous les Acteurs de la Comédie chantent :

Amants, que vos querelles
Sont aimables et belles!
Qu'on y voit succéder
De plaisir, de tendresse!
Querellez-vous sans cesse
Pour vous raccommoder!

Amants, que vos querelles
Sont aimables et belles! etc.

DEUXIÈME ENTRÉE DE BALLET.

Les Faunes et les Dryades recommencent leur danse, que les bergères et bergers musiciens entremêlent de leurs chansons, tandis que trois petites Dryades et trois petits Faunes font paroître dans l'enfoncement du théâtre tout ce qui se passe sur le devant.

LES BERGERS ET BERGÈRES.
Jouissons, jouissons des plaisirs innocents
Dont les feux de l'amour savent charmer nos sens.

Des grandeurs qui voudra se soucie :
Tous ces honneurs dont on a tant d'envie
Ont des chagrins qui sont cuisants.
Jouissons, jouissons des plaisirs innocents
Dont les feux de l'amour savent charmer nos sens.

En aimant, tout nous plaît dans la vie :
Deux cœurs unis de leur sort sont contents ;
Cette ardeur, de plaisirs suivie,
De tous nos jours fait d'éternels printemps.
Jouissons, jouissons des plaisirs innocents
Dont les feux de l'amour savent charmer nos sens.

ACTE III

SCÈNE PREMIÈRE

ARISTIONE, IPHICRATE, TIMOCLÈS,
ANAXARQUE, CLITIDAS, ÉRIPHILE,
SOSTRATE, Suite.

ARISTIONE.

Les mêmes paroles toujours se présentent à dire ; il faut toujours s'écrier : « Voilà qui est admirable ! il ne se peut rien de plus beau ! cela passe tout ce qu'on a jamais vu ! »

TIMOCLÈS.

C'est donner de trop grandes paroles, Madame, à de petites bagatelles.

ARISTIONE.

Des bagatelles comme celles-là peuvent occuper agréablement les plus sérieuses personnes. En vérité, ma fille, vous êtes bien obligée à ces princes, et vous ne sauriez assez reconnoître tous les soins qu'ils prennent pour vous.

ÉRIPHILE.

J'en ai, Madame, tout le ressentiment qu'il est possible.

ARISTIONE.

Cependant vous les faites longtemps languir sur ce qu'ils attendent de vous. J'ai promis de ne vous point contraindre; mais leur amour vous presse de vous déclarer, et de ne plus traîner en longueur la récompense de leurs services. J'ai chargé Sostrate d'apprendre doucement de vous les sentiments de votre cœur, et je ne sais pas s'il a commencé à s'acquitter de cette commission.

ÉRIPHILE.

Oui, Madame ; mais il me semble que je ne puis assez reculer ce choix dont on me presse, et que je ne saurois le faire sans mériter quelque blâme. Je me sens également obligée à l'amour, aux empressements, aux services de ces deux princes, et je trouve une espèce d'injustice bien grande à me montrer ingrate, ou vers l'un ou vers l'autre, par le refus qu'il m'en faudra faire dans la préférence de son rival.

IPHICRATE.

Cela s'appelle, Madame, un fort honnête compliment pour nous refuser tous deux.

ARISTIONE.

Ce scrupule, ma fille, ne doit point vous inquiéter, et ces princes tous deux se sont soumis, il y a longtemps, à la préférence que pourra faire votre inclination.

ÉRIPHILE.

L'inclination, Madame, est fort sujette à se tromper, et des yeux désintéressés sont beaucoup plus capables de faire un juste choix.

ARISTIONE.

Vous savez que je suis engagée de parole à ne rien prononcer là-dessus, et parmi ces deux princes votre inclination ne peut point se tromper et faire un choix qui soit mauvais.

ÉRIPHILE.

Pour ne point violenter votre parole ni mon scrupule, agréez, Madame, un moyen que j'ose proposer.

ARISTIONE.

Quoi, ma fille?

ÉRIPHILE.

Que Sostrate décide de cette préférence. Vous l'avez pris pour découvrir le secret de mon cœur, souffrez que je le prenne pour me tirer de l'embarras où je me trouve.

ARISTIONE.

J'estime tant Sostrate que, soit que vous vouliez vous servir de lui pour expliquer vos sentiments, ou soit que vous vous en remettiez absolument à sa conduite, je fais, dis-je, tant d'estime de sa vertu et de son jugement que je consens de tout mon cœur à la proposition que vous me faites.

IPHICRATE.

C'est-à-dire, Madame, qu'il nous faut faire notre cour à Sostrate?

SOSTRATE.

Non, Seigneur, vous n'aurez point de cour à me faire, et, avec tout le respect que je dois aux princesses, je renonce à la gloire où elles veulent m'élever.

ARISTIONE.

D'où vient cela, Sostrate?

SOSTRATE.

J'ai des raisons, Madame, qui ne permettent pas que je reçoive l'honneur que vous me présentez.

IPHICRATE.

Craignez-vous, Sostrate, de vous faire un ennemi?

SOSTRATE.

Je craindrois peu, Seigneur, les ennemis que je pourrois me faire en obéissant à mes souveraines.

TIMOCLÈS.

Par quelle raison donc refusez-vous d'accepter le pouvoir qu'on vous donne, et de vous acquérir l'amitié d'un prince qui vous devroit tout son bonheur ?

SOSTRATE.

Par la raison que je ne suis pas en état d'accorder à ce prince ce qu'il souhaiteroit de moi.

IPHICRATE.

Quelle pourroit être cette raison ?

SOSTRATE.

Pourquoi me tant presser là-dessus? Peut-être ai-je, Seigneur, quelque intérêt secret qui s'oppose aux prétentions de votre amour. Peut-être ai-je un ami qui brûle, sans oser le dire, d'une flamme respectueuse pour les charmes divins dont vous êtes épris. Peut-être cet ami me fait-il tous les jours confidence de son martyre, qu'il se plaint à moi tous les jours des rigueurs de sa destinée, et regarde l'hymen de la princesse ainsi que l'arrêt redoutable qui le doit pousser au tombeau. Et, si cela étoit, Seigneur, seroit-il raisonnable que ce fût de ma main qu'il reçût le coup de sa mort ?

IPHICRATE.

Vous auriez bien la mine, Sostrate, d'être vous-même cet ami dont vous prenez les intérêts.

SOSTRATE.

Ne cherchez point, de grâce, à me rendre odieux aux personnes qui vous écoutent. Je sais me connoître, Seigneur, et les malheureux comme moi n'ignorent pas jusques où leur fortune leur permet d'aspirer.

ARISTIONE.

Laissons cela ; nous trouverons moyen de terminer l'irrésolution de ma fille.

ANAXARQUE.

En est-il un meilleur, Madame, pour terminer les choses au contentement de tout le monde, que les lumières que le Ciel peut donner sur ce mariage ? J'ai commencé, comme je vous ai dit, à jeter pour cela les figures mystérieuses que notre art nous enseigne, et j'espère vous faire voir tantôt ce que l'avenir garde à cette union souhaitée. Après cela pourra-t-on balancer encore ? La gloire et les prospérités que le Ciel promettra ou à l'un ou à l'autre choix ne seront-elles pas suffisantes pour le déterminer, et celui qui sera exclus pourra-t-il s'offenser, quand ce sera le Ciel qui décidera cette préférence ?

IPHICRATE.

Pour moi, je m'y soumets entièrement, et je déclare que cette voie me semble la plus raisonnable.

TIMOCLÈS.

Je suis de même avis, et le Ciel ne sauroit rien faire où je ne souscrive sans répugnance.

ÉRIPHILE.

Mais, seigneur Anaxarque, voyez-vous si clair

dans les destinées, que vous ne vous trompiez jamais ? Et ces prospérités et cette gloire que vous dites que le Ciel nous promet, qui en sera caution, je vous prie ?

ARISTIONE.

Ma fille, vous avez une petite incrédulité qui ne vous quitte point.

ANAXARQUE.

Les épreuves, Madame, que tout le monde a vues de l'infaillibilité de mes prédictions sont les cautions suffisantes des promesses que je puis faire. Mais enfin, quand je vous aurai fait voir ce que le Ciel vous marque, vous vous règlerez là-dessus à votre fantaisie, et ce sera à vous à prendre la fortune de l'un ou de l'autre choix.

ÉRIPHILE.

Le Ciel, Anaxarque, me marquera les deux fortunes qui m'attendent ?

ANAXARQUE.

Oui, Madame, les félicités qui vous suivront si vous épousez l'un, et les disgrâces qui vous accompagneront si vous épousez l'autre.

ÉRIPHILE.

Mais, comme il est impossible que je les épouse tous deux, il faut donc qu'on trouve écrit dans le Ciel non seulement ce qui doit arriver, mais aussi ce qui ne doit pas arriver.

ACTE III, SCÈNE I

CLITIDAS, [à part].

Voilà mon astrologue embarrassé.

ANAXARQUE.

Il faudroit vous faire, Madame, une longue discussion des principes de l'astrologie pour vous faire comprendre cela.

CLITIDAS.

Bien répondu. Madame, je ne dis point de mal de l'astrologie : l'astrologie est une belle chose, et le seigneur Anaxarque est un grand homme.

IPHICRATE.

La vérité de l'astrologie est une chose incontestable, et il n'y a personne qui puisse disputer contre la certitude de ses prédictions.

CLITIDAS.

Assurément.

TIMOCLÈS.

Je suis assez incrédule pour quantité de choses; mais, pour ce qui est de l'astrologie, il n'y a rien de plus sûr et de plus constant que le succès des horoscopes qu'elle tire.

CLITIDAS.

Ce sont des choses les plus claires du monde.

IPHICRATE.

Cent aventures prédites arrivent tous les jours, qui convainquent les plus opiniâtres.

CLITIDAS.

Il est vrai.

TIMOCLÈS.

Peut-on contester, sur cette matière, les incidents célèbres dont les histoires nous font foi?

CLITIDAS.

Il faut n'avoir pas le sens commun. Le moyen de contester ce qui est moulé?

ARISTIONE.

Sostrate n'en dit mot. Quel est son sentiment là-dessus?

SOSTRATE.

Madame, tous les esprits ne sont pas nés avec les qualités qu'il faut pour la délicatesse de ces belles sciences qu'on nomme curieuses, et il y en a de si matériels qu'ils ne peuvent aucunement comprendre ce que d'autres conçoivent le plus facilement du monde. Il n'est rien de plus agréable, Madame, que toutes les grandes promesses de ces connoissances sublimes. Transformer tout en or, faire vivre éternellement, guérir par des paroles, se faire aimer de qui l'on veut, savoir tous les secrets de l'avenir, faire descendre comme on veut du Ciel sur des métaux des impressions de bonheur, commander aux démons, se faire des armées invisibles et des soldats invulnérables : tout cela est charmant, sans doute, et il y a des gens qui n'ont aucune peine à en comprendre la possibilité, cela leur est le plus aisé du monde à concevoir; mais, pour moi, je vous avoue que mon esprit grossier a quelque peine à le comprendre et à le croire, et j'ai toujours trouvé cela trop beau pour être véritable. Toutes ces belles raisons de sympathie, de force magnétique, et de vertu occulte, sont si subtiles et délicates qu'elles échappent à mon sens matériel; et, sans parler du reste, jamais il n'a été en ma puissance de concevoir comme on trouve écrit dans le Ciel jusqu'aux plus petites particularités de la fortune du moindre homme. Quel rapport, quel commerce, quelle correspondance peut-il y avoir entre nous et des globes éloignés de notre terre d'une distance si effroyable, et d'où cette belle science, enfin, peut-elle être venue aux hommes? Quel dieu l'a révélée, ou quelle expérience l'a pu former de l'observation de ce grand nombre d'astres qu'on n'a pu voir encore deux fois dans la même disposition?

ANAXARQUE.

Il ne sera pas difficile de vous le faire concevoir.

SOSTRATE.

Vous serez plus habile que tous les autres.

CLITIDAS.

Il vous fera une discussion de tout cela quand vous voudrez.

IPHICRATE.

Si vous ne comprenez pas les choses, au moins les pouvez-vous croire sur ce que l'on voit tous les jours.

SOSTRATE.

Comme mon sens est si grossier qu'il n'a pu rien comprendre, mes yeux aussi sont si malheureux qu'ils n'ont jamais rien vu.

IPHICRATE.

Pour moi, j'ai vu, et des choses tout à fait convaincantes.

TIMOCLÈS.

Et moi aussi.

SOSTRATE.

Comme vous avez vu, vous faites bien de croire, et il faut que vos yeux soient faits autrement que les miens.

IPHICRATE.

Mais enfin, la princesse croit à l'astrologie, et il me semble qu'on y peut bien croire après elle. Est-ce que Madame, Sostrate, n'a pas de l'esprit et du sens?

SOSTRATE.

Seigneur, la question est un peu violente. L'esprit de la princesse n'est pas une règle pour le mien; et son intelligence peut l'élever à des lumières où mon sens ne peut pas atteindre.

ACTE III, SCÈNE 1

ARISTIONE.

Non, Sostrate, je ne vous dirai rien sur quantité de choses auxquelles je ne donne guères plus de créance que vous ; mais, pour l'astrologie, on m'a dit et fait voir des choses si positives que je ne la puis mettre en doute.

SOSTRATE.

Madame, je n'ai rien à répondre à cela.

ARISTIONE.

Quittons ce discours, et qu'on nous laisse un moment. Dressons notre promenade, ma fille, vers cette belle grotte où j'ai promis d'aller. Des galanteries à chaque pas !

QUATRIÈME INTERMÈDE

Le théâtre représente une grotte où les princesses vont se promener, et dans le temps qu'elles y entrent, huit statues portant chacune deux flambeaux à leurs mains sortent de leurs niches, et font une danse variée de plusieurs figures et de plusieurs belles attitudes, où elles demeurent par intervalles.

ENTRÉE DE BALLET

DE HUIT STATUES

ACTE IV

SCÈNE PREMIÈRE

ARISTIONE, ÉRIPHILE.

ARISTIONE.

De qui que cela soit, on ne peut rien de plus galant et de mieux entendu. Ma fille, j'ai voulu me séparer de tout le monde pour vous entretenir, et je veux que vous ne me cachiez rien de la vérité. N'auriez-vous point dans l'âme quelque inclination secrète que vous ne voulez pas nous dire ?

ÉRIPHILE.

Moi, Madame ?

ARISTIONE.

Parlez à cœur ouvert, ma fille ; ce que j'ai fait pour vous mérite bien que vous usiez avec moi de franchise. Tourner vers vous toutes mes pensées, vous préférer à toutes choses, et fermer l'oreille, en l'état où je suis, à toutes les propositions que cent princesses en ma place écouteroient avec bienséance : tout cela vous doit assez persuader que je suis une bonne mère, et que je ne suis pas pour recevoir avec sévérité les ouvertures que vous pourriez me faire de votre cœur.

ÉRIPHILE.

Si j'avois si mal suivi votre exemple que de m'être laissée aller à quelques sentiments d'inclination que j'eusse raison de cacher, j'aurois, Madame, assez de pouvoir sur moi-même pour imposer silence à cette passion, et me mettre en état de ne rien faire voir qui fût indigne de votre sang.

ARISTIONE.

Non, non, ma fille, vous pouvez sans scrupule m'ouvrir vos sentiments. Je n'ai point renfermé votre inclination dans le choix de deux princes ; vous pouvez l'étendre où vous voudrez, et le mérite, auprès de moi, tient un rang si considérable que je l'égale à tout ; et, si vous m'avouez franchement les choses, vous me verrez souscrire sans répugnance au choix qu'aura fait votre cœur.

ÉRIPHILE.

Vous avez des bontés pour moi, Madame, dont je ne puis assez me louer ; mais je ne les mettrai point à l'épreuve sur le sujet dont vous me parlez, et tout ce que je leur demande, c'est de ne point presser un mariage où je ne me sens pas encore bien résolue.

ARISTIONE.

Jusqu'ici je vous ai laissée assez maîtresse de tout, et l'impatience des princes vos amants... Mais quel bruit est-ce que j'entends? Ah! ma fille, quel spectacle s'offre à nos yeux! Quelque divinité descend ici, et c'est la déesse Vénus qui semble nous vouloir parler.

SCÈNE II

VÉNUS, ACCOMPAGNÉE DE QUATRE PETITS AMOURS
DANS UNE MACHINE; ARISTIONE,
ÉRIPHILE.

VÉNUS, [à Aristione].

Princesse, dans tes soins brille un zèle exemplaire
Qui par les Immortels doit être couronné,
Et, pour te voir un gendre illustre et fortuné,
Leur main te veut marquer le choix que tu dois faire :
    Ils t'annoncent tous par ma voix
La gloire et les grandeurs que par ce digne choix
Ils feront pour jamais entrer dans ta famille.

De tes difficultés termine donc le cours,
Et pense à donner ta fille
A qui sauvera tes jours.

ARISTIONE.

Ma fille, les dieux imposent silence à tous nos raisonnements. Après cela, nous n'avons plus rien à faire qu'à recevoir ce qu'ils s'apprêtent à nous donner, et vous venez d'entendre distinctement leur volonté. Allons dans le premier temple les assurer de notre obéissance, et leur rendre grâce de leurs bontés.

SCÈNE III

ANAXARQUE, CLÉON.

CLÉON.

Voilà la princesse qui s'en va ; ne voulez-vous pas lui parler ?

ANAXARQUE.

Attendons que sa fille soit séparée d'elle ; c'est un esprit que je redoute, et qui n'est pas de trempe à se laisser mener, ainsi que celui de sa mère. Enfin, mon fils, comme nous venons de voir par cette ouverture, le stratagème a réussi : notre Vénus a fait des merveilles, et l'admirable ingénieur qui s'est employé à cet artifice a si bien disposé tout, a coupé avec tant d'adresse le plancher de cette grotte, si bien caché ses fils de fer et tous ses ressorts, si bien ajusté ses lumières et habillé ses personnages, qu'il y a peu de gens qui n'y eussent été trompés ; et, comme la princesse Aristione est fort superstitieuse, il ne faut point douter qu'elle ne donne à pleine tête dans cette tromperie. Il y a longtemps, mon fils, que je prépare cette machine, et me voilà tantôt au but de mes prétentions.

CLÉON.

Mais pour lequel des deux princes au moins dressez-vous tout cet artifice ?

ANAXARQUE.

Tous deux ont recherché mon assistance, et je leur promets à tous deux la faveur de mon art ; mais les présents du prince Iphicrate et les promesses qu'il m'a faites l'emportent de beaucoup sur tout ce qu'a pu faire l'autre. Ainsi ce sera lui qui recevra les effets favorables de tous les ressorts que je fais jouer ; et, comme son ambition me devra toute chose, voilà, mon fils, notre fortune faite. Je vais prendre mon temps pour affermir dans son erreur l'esprit de la princesse, pour la mieux prévenir encore par le rapport que je lui ferai voir adroitement des paroles de Vénus avec les prédictions des figures célestes que je lui dis que j'ai jetées. Va-t'en tenir la main au reste de l'ouvrage, préparer nos six hommes à se bien cacher dans leur barque derrière le rocher, à posément attendre le temps que la princesse Aristione vient tous les soirs se promener seule sur le rivage, à se jeter bien à propos sur elle ainsi que des corsaires, et donner lieu au prince Iphicrate de lui apporter ce secours qui, sur les paroles du Ciel, doit mettre entre ses mains la princesse Ériphile. Ce prince est averti par moi, et, sur la foi de ma prédiction, il doit se tenir dans ce petit bois qui borde le rivage. Mais sortons de cette grotte ; je te dirai en marchant toutes les choses qu'il faut bien observer. Voilà la princesse Ériphile, évitons sa rencontre.

SCÈNE IV

ÉRIPHILE, CLÉONICE, SOSTRATE.

ÉRIPHILE.

Hélas ! quelle est ma destinée, et qu'ai-je fait aux dieux pour mériter les soins qu'ils veulent prendre de moi ?

CLÉONICE.

Le voici, Madame, que j'ai trouvé, et, à vos premiers ordres, il n'a pas manqué de me suivre.

ACTE IV, SCÈNE IV

ÉRIPHILE.

Qu'il approche, Cléonice, et qu'on nous laisse seuls un moment. — Sostrate, vous m'aimez ?

SOSTRATE.

Moi, Madame ?

ÉRIPHILE.

Laissons cela, Sostrate ; je le sais, je l'approuve, et vous permets de me le dire. Votre passion a paru à mes yeux, accompagnée de tout le mérite qui me la pouvoit rendre agréable. Si ce n'étoit le rang où le Ciel m'a fait naître, je puis vous dire que cette passion n'auroit pas été malheureuse, et que cent fois je lui ai souhaité l'appui d'une fortune qui pût mettre pour elle en pleine liberté les secrets sentiments de mon âme. [Ce n'est pas, Sostrate, que le mérite seul n'ait à mes yeux tout le prix qu'il doit avoir, et que dans mon cœur je ne préfère les vertus qui sont en vous à tous les titres magnifiques dont les autres sont revêtus. Ce n'est pas même que la princesse ma mère ne m'ait assez laissé la disposition de mes vœux, et je ne doute point, je vous l'avoue, que mes prières n'eussent pu tourner son consentement du côté que j'aurois voulu ; mais il est des états, Sostrate, où il n'est pas honnête de vouloir tout ce qu'on peut faire. Il y a des chagrins à se mettre au-dessus de toutes choses, et les bruits fâcheux de la renommée vous font trop acheter le plaisir que l'on trouve à contenter son inclination. C'est à quoi, Sostrate, je ne me serois jamais résolue, et j'ai cru faire assez de fuir l'engagement dont j'étois sollicitée.] Mais enfin, les dieux veulent prendre le soin eux-mêmes de me donner un époux; et tous ces longs délais avec lesquels j'ai reculé mon mariage, et que les bontés de la princesse, ma mère, ont accordés à mes désirs, ces délais, dis-je, ne me sont plus permis, et il me faut résoudre à subir cet arrêt du Ciel. Soyez sûr, Sostrate, que c'est avec toutes les répugnances du monde que je m'abandonne à cet hyménée, et que, si j'avois pu être maîtresse de moi, ou j'aurois été à vous, ou je n'aurois été à personne. Voilà, Sostrate, ce que j'avois à vous dire, voilà ce que j'ai cru devoir à votre mérite, et la consolation que toute ma tendresse peut donner à votre flamme.

SOSTRATE.

Ah ! Madame, c'en est trop pour un malheureux ! Je ne m'étois pas préparé à mourir avec tant de gloire, et je cesse, dans ce moment, de me plaindre des destinées. Si elles m'ont fait naître dans un rang beaucoup moins élevé que mes désirs, elles m'ont fait naître assez heureux pour attirer quelque pitié du cœur d'une grande princesse ; et cette pitié glorieuse vaut des sceptres et des couronnes, vaut la fortune des plus grands princes de la terre. Oui, Madame, dès que j'ai osé vous aimer (c'est vous, Madame, qui voulez bien que je me serve de ce mot téméraire), dès que j'ai, dis-je, osé vous aimer, j'ai condamné d'abord l'orgueil de mes désirs, je me suis fait moi-même la destinée que je devois attendre. Le coup de mon trépas, Madame, n'aura rien qui me surprenne, puisque je m'y étois préparé; mais vos bontés le comblent d'un honneur que mon amour jamais n'eût osé espérer, et je m'en vais mourir, après cela, le plus content et le plus glorieux de tous les hommes. Si je puis encore souhaiter quelque chose, ce sont deux grâces, Madame, que je prends la hardiesse de vous demander à genoux : de vouloir souffrir ma présence jusqu'à cet heureux hyménée qui doit mettre fin à ma vie, et, parmi cette grande gloire et ces longues prospérités que le Ciel promet à votre union, de vous souvenir quelquefois de l'amoureux Sostrate. Puis-je, divine Princesse, me promettre de vous cette précieuse faveur?

ÉRIPHILE.

Allez, Sostrate, sortez d'ici. Ce n'est pas aimer mon repos que de me demander que je me souvienne de vous.

SOSTRATE.

Ah! Madame, si votre repos...

ÉRIPHILE.

Otez-vous, vous dis-je, Sostrate; épargnez ma

foiblesse, et ne m'exposez point à plus que je n'ai résolu.

SCÈNE V

CLÉONICE, ÉRIPHILE.

CLÉONICE.
Madame, je vous vois l'esprit tout chagrin. Vous plaît-il que vos danseurs, qui expriment si bien toutes les passions, vous donnent maintenant quelque épreuve de leur adresse?

ÉRIPHILE.
Oui, Cléonice : qu'ils fassent tout ce qu'ils voudront, pourvu qu'ils me laissent à mes pensées.

CINQUIÈME INTERMÈDE

Quatre Pantomimes, pour épreuve de leur adresse, ajustent leurs gestes et leurs pas aux inquiétudes de la jeune princesse Eriphile.

ENTRÉE DE BALLET

DE QUATRE PANTOMIMES

ACTE V

SCÈNE PREMIÈRE

CLITIDAS, ÉRIPHILE.

CLITIDAS, [*faisant semblant de ne point voir Ériphile*].

De quel côté porter mes pas ? où m'aviserai-je d'aller, et en quel lieu puis-je croire que je trouverai maintenant la princesse Ériphile ? Ce n'est pas un petit avantage que d'être le premier à porter une nouvelle. Ah ! la voilà ! Madame, je vous annonce que le Ciel vient de vous donner l'époux qu'il vous destinoit.

ÉRIPHILE.

Eh ! laisse-moi, Clitidas, dans ma sombre mélancolie.

ACTE V, SCÈNE I

CLITIDAS.

Madame, je vous demande pardon. Je pensois faire bien de vous venir dire que le Ciel vient de vous donner Sostrate pour époux ; mais, puisque cela vous incommode, je rengaîne ma nouvelle, et m'en retourne droit comme je suis venu.

ÉRIPHILE.

Clitidas ! holà ! Clitidas !

CLITIDAS.

Je vous laisse, Madame, dans votre sombre mélancolie.

ÉRIPHILE.

Arrête, te dis-je ; approche. Que viens-tu me dire ?

CLITIDAS.

Rien, Madame. On a parfois des empressements de venir dire aux grands de certaines choses dont ils ne se soucient pas, et je vous prie de m'excuser.

ÉRIPHILE.

Que tu es cruel !

CLITIDAS.

Une autre fois j'aurai la discrétion de ne vous pas venir interrompre.

ÉRIPHILE.

Ne me tiens point dans l'inquiétude. Qu'est-ce que tu viens m'annoncer ?

CLITIDAS.

C'est une bagatelle de Sostrate, Madame, que

je vous dirai une autre fois, quand vous ne serez point embarrassée.

ÉRIPHILE.

Ne me fais point languir davantage, te dis-je, et m'apprends cette nouvelle.

CLITIDAS.

Vous la voulez savoir, Madame?

ÉRIPHILE.

Oui, dépêche. Qu'as-tu à me dire de Sostrate?

CLITIDAS.

Une aventure merveilleuse, où personne ne s'attendoit.

ÉRIPHILE.

Dis-moi vite ce que c'est.

CLITIDAS.

Cela ne troublera-t-il point, Madame, votre sombre mélancolie?

ÉRIPHILE.

Ah! parle promptement.

CLITIDAS.

J'ai donc à vous dire, Madame, que la princesse votre mère passoit presque seule dans la forêt, par ces petites routes qui sont si agréables, lorsqu'un sanglier hideux (ces vilains sangliers-là font toujours du désordre, et l'on devroit les bannir des forêts bien policées); lors, dis-je, qu'un sanglier hideux, poussé, je crois, par des chasseurs, est venu traverser la route où nous étions.

Je devrois vous faire peut-être, pour orner mon récit, une description étendue du sanglier dont je parle, mais vous vous en passerez, s'il vous plaît, et je me contenterai de vous dire que c'étoit un fort vilain animal. Il passoit son chemin, et il étoit bon de ne lui rien dire, de ne point chercher de noise avec lui ; mais la princesse a voulu égayer sa dextérité, et de son dard, qu'elle lui a lancé un peu mal à propos, ne lui en déplaise, lui a fait au-dessus de l'oreille une assez petite blessure. Le sanglier, mal moriginé, s'est impertinemment détourné contre nous ; nous étions là deux ou trois misérables qui avons pâli de frayeur ; chacun gagnoit son arbre, et la princesse, sans défense, demeuroit exposée à la furie de la bête, lorsque Sostrate a paru, comme si les dieux l'eussent envoyé.

ÉRIPHILE.

Hé bien, Clitidas ?

CLITIDAS.

Si mon récit vous ennuie, Madame, je remettrai le reste à une autre fois.

ÉRIPHILE.

Achève promptement.

CLITIDAS.

Ma foi, c'est promptement, de vrai, que j'achèverai, car un peu de poltronnerie m'a empêché de voir tout le détail de ce combat ; et tout ce que je puis vous dire, c'est que, retournant sur la place, nous avons vu le sanglier mort, tout vautré dans son sang, et la princesse, pleine de joie, nommant Sostrate son libérateur et l'époux digne et fortuné que les dieux lui marquoient pour vous. A ces paroles, j'ai cru que j'en avois assez entendu, et je me suis hâté de vous en venir, avant tous, apporter la nouvelle.

ÉRIPHILE.

Ah! Clitidas, pouvois-tu m'en donner une qui me pût être plus agréable?

CLITIDAS.

Voilà qu'on vient vous trouver.

SCÈNE II

ARISTIONE, SOSTRATE, ÉRIPHILE, CLITIDAS.

ARISTIONE.

Je vois, ma fille, que vous savez déjà tout ce que nous pourrions vous dire. Vous voyez que les dieux se sont expliqués bien plus tôt que nous n'eussions pensé; mon péril n'a guère tardé à nous marquer leurs volontés, et l'on connoit assez que ce sont eux qui se sont mêlés de ce choix, puisque le mérite tout seul brille dans cette préférence. Aurez-vous quelque répugnance à récompenser de votre cœur celui à qui je dois la vie, et refuserez-vous Sostrate pour époux?

ÉRIPHILE.

Et de la main des dieux et de la vôtre, Madame, je ne puis rien recevoir qui ne me soit fort agréable.

SOSTRATE.

Ciel! n'est-ce point ici quelque songe tout plein de gloire dont les dieux me veuillent flatter, et quelque réveil malheureux ne me replongera-t-il point dans la bassesse de ma fortune?

SCÈNE III

CLÉONICE, ARISTIONE, SOSTRATE,
ÉRIPHILE, CLITIDAS.

CLÉONICE.

Madame, je viens vous dire qu'Anaxarque a jusqu'ici abusé l'un et l'autre prince, par l'espérance de ce choix qu'ils poursuivent depuis longtemps, et qu'au bruit qui s'est répandu de votre aventure ils ont fait éclater tous deux leur ressentiment contre lui jusque-là que, de paroles en paroles, lés choses se sont échauffées, et il en a reçu quelques blessures dont on ne sait pas bien ce qui arrivera. Mais les voici.

SCÈNE IV

IPHICRATE, TIMOCLÈS, CLÉONICE, ARISTIONE, SOSTRATE, ÉRIPHILE, CLITIDAS.

ARISTIONE.

Princes, vous agissez tous deux avec une violence bien grande ; et, si Anaxarque a pu vous offenser, j'étois pour vous en faire justice moi-même.

IPHICRATE.

Et quelle justice, Madame, auriez-vous pu nous faire de lui, si vous la faites si peu à notre rang, dans le choix que vous embrassez ?

ARISTIONE.

Ne vous êtes-vous pas soumis l'un et l'autre à ce que pourroient décider ou les ordres du Ciel ou l'inclination de ma fille ?

TIMOCLÈS.

Oui, Madame, nous nous sommes soumis à ce qu'ils pourroient décider entre le prince Iphicrate

ACTE V, SCÈNE IV

et moi, mais non pas à nous voir rebuter tous deux.

Aristione.

Et, si chacun de vous a bien pu se résoudre à souffrir une préférence, que vous arrive-t-il à tous deux où vous ne soyez préparés? et que peut importer à l'un et à l'autre les intérêts de son rival?

Iphicrate.

Oui, Madame, il importe. C'est quelque consolation de se voir préférer un homme qui vous est égal, et votre aveuglement est une chose épouvantable.

Aristione.

Prince, je ne veux pas me brouiller avec une personne qui m'a fait tant de grâce que de me dire des douceurs; et je vous prie, avec toute l'honnêteté qu'il m'est possible, de donner à votre chagrin un fondement plus raisonnable, de vous souvenir, s'il vous plaît, que Sostrate est revêtu d'un mérite qui s'est fait connoître à toute la Grèce, et que le rang où le Ciel l'élève aujourd'hui va remplir toute la distance qui étoit entre lui et vous.

Iphicrate.

Oui, oui, Madame, nous nous en souviendrons; mais peut-être aussi vous souviendrez-vous que deux princes outragés ne sont pas deux ennemis peu redoutables.

TIMOCLÈS.

Peut-être, Madame, qu'on ne goûtera pas longtemps la joie du mépris que l'on fait de nous.

ARISTIONE.

Je pardonne toutes ces menaces aux chagrins d'un amour qui se croit offensé, et nous n'en verrons pas avec moins de tranquillité la fête des Jeux Pythiens. Allons-y de ce pas, et couronnons par ce pompeux spectacle cette merveilleuse journée.

SIXIÈME INTERMÈDE

QUI EST LA SOLENNITÉ DES JEUX PYTHIENS.

Le théâtre est une grande salle en manière d'amphithéâtre, ouvert d'une grande arcade, dans le fond, au-dessus de laquelle est une tribune fermée d'un rideau ; et dans l'éloignement paroît un autel pour le sacrifice. Six hommes, habillés comme s'ils étoient presque nus, portant chacun une hache sur l'épaule, comme ministres du sacrifice, entrent par le portique, au son des violons, et sont suivis de deux sacrificateurs musiciens, d'une prêtresse musicienne, et leur suite.

LA PRÊTRESSE.
Chantez, peuples, chantez en mille et mille lieux
Du dieu que nous servons les brillantes merveilles;
Parcourez la terre et les cieux :
Vous ne sauriez chanter rien de plus précieux,
Rien de plus doux pour les oreilles.
UNE GRECQUE.
A ce dieu plein de force, à ce dieu plein d'appas
Il n'est rien qui résiste.
AUTRE GRECQUE.
Il n'est rien ici bas
Qui par ses bienfaits ne subsiste.

AUTRE GRECQUE.
Toute la terre est triste
Quand on ne le voit pas.
LE CHŒUR.
Poussons à sa mémoire
Des concerts si touchants,
Que du haut de sa gloire
Il écoute nos chants.

PREMIÈRE ENTRÉE DE BALLET.

Les six hommes portant les haches font entre eux une danse ornée de toutes les attitudes que peuvent exprimer des gens qui étudient leur force, puis ils se retirent aux deux côtés du théâtre pour faire place à six voltigeurs.

DEUXIÈME ENTRÉE DE BALLET.

Six voltigeurs font paroître en cadence leur adresse sur des chevaux de bois qui sont apportés par des esclaves.

TROISIÈME ENTRÉE DE BALLET.

Quatre conducteurs d'esclaves amènent en cadence douze esclaves qui dansent en marquant la joie qu'ils ont d'avoir recouvré leur liberté.

SIXIÈME INTERMÈDE

QUATRIÈME ENTRÉE DE BALLET.

Quatre hommes et quatre femmes, armés à la grecque, font ensemble une manière de jeu pour les armes.

La tribune s'ouvre ; un héraut, six trompettes et un timballier se mêlant à tous les instruments, annonce avec un grand bruit la venue d'Apollon.

Le Chœur.

Ouvrons tous nos yeux
A l'éclat suprême
Qui brille en ces lieux.

Quelle grâce extrême !
Quel port glorieux !
Où voit-on des dieux
Qui soient faits de même ?

Apollon, au bruit des trompettes et des violons, entre par le portique, précédé de six jeunes gens qui portent des lauriers entrelacés autour d'un bâton, et un soleil d'or au-dessus avec la devise royale en manière de trophée. Les six jeunes gens, pour danser avec Apollon, donnent leur trophée à tenir aux six hommes qui portent les haches, et commencent avec Apollon une danse héroïque, à laquelle se joignent en diverses manières les six hommes portant les trophées, les quatre femmes armées avec leurs timbres, et les quatre hommes armés avec leurs tambours, tandis que les six trompettes, le timballier, les sacrificateurs, la prêtresse et le chœur de musique accompagnent tout cela en s'y mêlant par diverses reprises, ce qui finit la fête des jeux Pythiens et tout le divertissement.

CINQUIÈME ET DERNIÈRE ENTRÉE DE BALLET.

APOLLON et six Jeunes Gens de sa suite.
CHŒUR DE MUSIQUE.

Pour LE ROY, représentant LE SOLEIL.

Je suis la source des clartés,
Et les astres les plus vantés
Dont le beau cercle m'environne
Ne sont brillants et respectés
Que par l'éclat que je leur donne.

Du char où je me puis asseoir,
Je vois le désir de me voir
Posséder la nature entière,
Et le monde n'a son espoir
Qu'aux seuls bienfaits de ma lumière.

Bienheureuses de toutes parts
Et pleines d'exquises richesses,
Les terres où de mes regards
J'arrête les douces caresses!

Pour Monsieur le Grand, suivant d'APOLLON.

Bien qu'auprès du Soleil, tout autre éclat s'efface,
S'en éloigner pourtant n'est pas ce que l'on veut;
Et vous voyez bien, quoi qu'il fasse,
Que l'on s'en tient toujours le plus près que l'on peut.

Pour le Marquis DE VILLEROY, suivant d'APOLLON.

De notre Maître incomparable
Vous me voyez inséparable,
Et le zèle puissant qui m'attache à ses vœux
Le suit parmi les eaux, le suit parmi les feux.

Pour le Marquis DE RASSENT, suivant d'APOLLON.

Je ne serai pas vain quand je ne croirai pas
Qu'un autre mieux que moi suive partout ses pas.

NOTES

PREMIER INTERMÈDE.

P. 6, l. 20. *La plus belle des Immortelles.* Vénus, mère des Amours.

7, 13. *Pour le Roy* — qui devait représenter Neptune. Sur ce que Louis XIV cessa de paraître dans les ballets après la première de *Britannicus*, voir la *Notice*.

En 1656, le duc de Guise avait représenté Neptune, dans le ballet royal de *Psyché*.

8, 9. *M. le Grand.* C'est-à-dire le grand Écuyer de France, qui était à cette date de 1670, et depuis 1658, M. le comte d'Armagnac, Louis de Lorraine, gendre du maréchal duc de Villeroy. Il avait place dans le carrosse du Roi après les princes du sang, et portait l'épée royale aux entrées solennelles et aux pompes funèbres.

C'est lui qui, aux fêtes de Versailles, en 1664, avait représenté Griffon le Blanc, en habit de toile d'argent semé de rubis, sur un cheval blanc bardé de la même couleur.

Dans le *Ballet des Muses*, il avait représenté Pyrame, un Basque, un Espagnol, Jupiter et un Maure.

Benserade, dans ses vers de ballet, fait souvent allusion aux turlupinades de ce favori de Louis XIV.

— 15. *Le marquis de Villeroy*, qui avait alors environ vingt-sept ans, avait représenté un berger, un Basque, un Espagnol, Polexandre et une nymphe au *Ballet des Muses*.

— 21. *Le marquis de Rasseni*, ou Rassan, l'un des plus

brillants danseurs de la Cour, avait représenté un Basque et un Espagnol dans le *Ballet des Muses*, et un masque dans le *Carnaval*, mascarade royale de 1668, à côté du Roy, de M. le Grand et du marquis de Villeroy.

ACTE PREMIER.

10, 27. Des *cadeaux* merveilleux de musique et de danse. — Divertissements, fêtes offerts à des dames. Cf. *Précieuses ridicules* (sc. 10), *École des Femmes* (III, 2, et IV, 8), *Mariage forcé* (sc. IV), et *Bourgeois gentilhomme* (III, 6 et 18).

13, 1. *É par soi*. C'est-à-dire faisant à lui seul une syllabe, sans adjonction de consonne.

19, 8. Songé de *poisson mort* et *d'œufs cassés*. Cf. *Dépit amoureux* (V, 6). M. Sébillot a rassemblé dans une petite brochure tous les passages de Molière relatifs à ces sortes de superstitions.

25, 14. Je me sens *mal propre à*. — Cf. *Misanthrope* (I, 2).

29, 9. *Pantomimes*. Le mot était alors nouveau. Cependant d'Ablancourt, mort en 1664, l'avait employé.

— 19. Muses *nécessitantes* — pour *nécessiteuses*. Molière semble avoir créé ce mot, exprimant bien la nuance qui sépare le pauvre résigné du solliciteur.

ACTE SECOND.

34, 11. Tous ces beaux *régales*. Molière a suivi l'orthographe étymologique. On disait, aux xive et xve siècles mener *gale*, mener grant *gale*.

C'est par erreur que Génin (*Lexique*) a considéré *régale* comme un substantif *féminin* dans ce vers d'*Amphitryon* (I, 4) :

« Sans me dire un seul mot de douceur pour *régale*. »

C'est par erreur encore qu'il a rectifié ici l'orthographe de Molière en écrivant *régals* comme dans ce vers du *Misanthrope* (I, 1) :

Et la plus glorieuse a des *régals* peu chers.

NOTES

Ici et à la page suivante 35, ligne 15, Molière écrit ré-gales et régale au masculin.

35, 21. *A force de la tourner de tous côtés.* Cf. *Fourberies de Scapin* (II, 8) : « Enfin, je l'ai tant tourné de tous les côtés. »

42, 2. *Je me conseillais à vous.* Cf. *Don Juan* (V, 3) : « Je me suis même encore aujourd'hui conseillé au Ciel pour cela. »

43, 7. *Petit garçon.* Cf. *Femmes savantes* (III, 2) :

« Allons, *petit garçon*, vite de quoi s'asseoir ! » dit Philaminte au valet Lépine.

TROISIÈME INTERMÈDE.

54, 15. *L'image de nos chansons.* Bensserade, jaloux de Molière, parodiait ainsi ce vers :

« L'image de vos *chaussons*. »

55, 4. *Quand je plaisais à tes yeux.* Charmante traduction de l'Ode d'Horace : *Donec gratus eram tibi* (9e du livre III), qui a été joliment imitée par le chevalier Bonnard et mise au théâtre par Ponsard, dans *Horace* et *Lydie*.

ACTE TROISIÈME.

59, 5. *J'en ai tout le ressentiment* qu'il est possible — toute la reconnaissance, toute la gratitude. — Cf. *D. Garcie de Navarre*, vers 1031.

61, 2. Vous vous en remettiez à sa *conduite*, à sa direction. Cf. *Étourdi* (III, 5).

66, 8. *Ce qui est moulé.* C'est-à-dire imprimé, écrit dans un livre. Cf. *George Dandin* (III, 1).

67, 4. *Je vous avoue que mon esprit grossier.* — « Je suis un peu grossier », dira bientôt le Clitandre des *Femmes Savantes*, que Sostrate annonçait et préparait alors, qu'il nous rappelle aujourd'hui par plus d'un endroit.

69, 11. *Dressons notre promenade.* « Elle dressa ses pas vers... », dit La Fontaine, dans ses *Amours de Psyché*.

QUATRIÈME INTERMEDE.

70, 3. *Huit statues font une danse.* Il y avait une entrée de statues dans le ballet royal d'*Hercule amoureux*, dansé en 1662.

ACTE QUATRIÈME.

74, 23. *L'admirable ingénieur qui s'est employé à cet artifice.* Adroit éloge à l'adresse du décorateur Charles Vigarani, gentilhomme Modenois, qui prenait le titre d'ingénieur du Roy.

77, 15. *Ce n'est pas...* Tout le passage compris entre les deux [ ] était coupé à la reprise de 1704.

ACTE CINQUIÈME.

82, 6. *De quel côté porter mes pas?* Jeu de scène familier à Molière, et qui ne manque jamais son effet. V. *Les Fourberies de Scapin* (II, 7), l'*Amour médecin* (I, 6).

84, 24. *Un sanglier hideux.* Souvenir de la *Princesse d'Élide*, où Molière avait joué l'amusante scène de Moron et du sanglier. — On connaît l'anecdote du comédien Brécourt tuant un sanglier à Fontainebleau, en présence du Roi, qui le félicita.

85, 11. *Mal moriginé.* C'est ainsi que le mot est écrit dans l'édition de 1682.

91. *Jeux pythiens.* Les Grecs célébraient, tous les ans, en l'honneur d'Apollon, des fêtes à Delphes, en Pythie, contrée de la Phocide.

— *Habillés comme s'ils étaient presque nus.* Description un peu naïve du maillot couleur de chair.

— *La Prêtresse.* Mlle Hilaire, célèbre cantatrice.

92. *Six voltigeurs.* Sauteurs ou danseurs de corde comme on en voyait aux foires Saint-Germain et Saint-Laurent.

94, 5. *Pour le Roy*, qui devait représenter Apollon. Voir la *Notice*.

Imp. Jouaust, L. Cerf.

LES PIÈCES DE MOLIÈRE
PUBLIÉES SÉPARÉMENT
Avec Dessins de Louis Leloir, gravés par Champollion
NOTICES ET NOTES PAR AUG. VITU ET G. MONVAL

En vente : L'Étourdi, 6 fr. — Dépit amoureux, 6 fr. — Les Précieuses ridicules, 4 fr. 50. — Sganarelle, ou le Cocu imaginaire, 4 fr. 50. — Dom Garcie de Navarre, 5 fr. 50. — L'École des Maris, 5 fr. — Les Fâcheux, 5 fr. — L'École des Femmes, 6 fr. — La Critique de l'École des Femmes, 5 fr. — L'Impromptu de Versailles, 4 fr. 50. — Le Mariage forcé, 5 fr. — La Princesse d'Élide, 5 fr. — Dom Juan, 6 fr. — L'Amour médecin, 5 fr. — Le Misanthrope, 6 fr. 50. — Le Médecin malgré lui, 5 fr. — Mélicerte, 4 fr. 50. — Le Sicilien, 4 fr. 50. — Amphitryon, 6 fr. — George Dandin, 6 fr. — L'Avare, 8 fr. — Tartuffe, 7 fr. 50. — Monsieur de Pourceaugnac, 6 fr.

Sous presse : Le Bourgeois Gentilhomme.

DANS LE MÊME FORMAT
PETITE BIBLIOTHÈQUE ARTISTIQUE
Derniers ouvrages publiés

CONTES DE LA FONTAINE, dessins d'Ed. de Beaumont, gravés par Boilvin. 2 vol. . . . . 35 fr.
FABLES DE LA FONTAINE, dessins d'Émile Adan, gravés par Le Rat. 2 vol. . . . . 40 fr.
LETTRES PERSANES, de Montesquieu, dessins d'Ed. de Beaumont, gravés par Boilvin. 2 vol. . . . . . 30 fr.
FABLES DE FLORIAN, dessins d'Émile Adan, gravés par Le Rat . . . . 20 fr.
WERTHER, de Gœthe, gravures de Lalauze . . . 20 fr.
LES QUINZE JOYES DE MARIAGE, 21 gravures de Lalauze imprimées dans le texte . . . . 30 fr.
MES PRISONS, dess. de Brabant, gr. par Toussaint. 20 fr.
LES CAQUETS DE L'ACCOUCHÉE, 14 gravures de Lalauze imprimées dans le texte . . . . 25 fr.
LE VICAIRE DE WAKEFIELD, gravures de Lalauze. 2 vol. . . . . 25 fr.
LA NOUVELLE HÉLOÏSE, gravures d'Hédouin hors texte, gravures de Lalauze dans le texte. 6 vol. . . 45 fr.
MÉMOIRES DE MADAME DE STAAL, 9 gravures hors texte et 31 gravures dans le texte, par Lalauze. 2 vol. 50 fr.

www.ingramcontent.com/pod-product-compliance
Lightning Source LLC
Chambersburg PA
CBHW060157100426
42744CB00007B/1071